KB240089

한국어 2 워크북

도서출판 참

Contents

차례

문법01

V-게 되다, A-아/어지다, N이/가 되다

한국에 와서 선생님을 알게 되었어요.

다니엘 씨는 매일 운동해서 건강해졌어요.

나는 내년에 대학생이 될 거예요.

쓰세요

기본형	V-게 되었어요	기본형	V-게 되었어요
가다		먹다	
오다		읽다	
하다		가르치다	
만나다		배우다	
보다		쓰다	
마시다		공부하다	
앉다		알다	
준비하다		입다	
만들다		살다	
기본형	**A-아/어졌어요**	**기본형**	**A-아/어졌어요**
좋다		춥다	
괜찮다		쉽다	
많다		어렵다	
바쁘다		뚱뚱하다	
예쁘다		날씬하다	
슬프다		따뜻하다	
덥다		시원하다	

연습 1

| 보기 | 가: 매운 음식을 좋아하세요?
나: 고향에서는 매운 음식을 못 먹었는데, 한국에 와서 먹게 되었어요. |

전에는 N을/를	V-았/었는데	지금은 V-게 되었어요
① 김치	못 먹다	먹다
② 한국어	안 배우다	배우다
③ 그 사람	안 만나다	만나다
④ 영어	안 가르치다	가르치다
⑤ 한국말	모르다	알다
⑥ 운동	못 하다	잘 하다
⑦ 술	못 마시다	마시다
⑧ 요리	안 하다	하다
⑨ 중국어	배우지 않다	배우다

연습 2

| 보기 | 가: 어떻게 한국말을 배우게 되셨어요?
나: 한국 친구가 있어서 배우게 되었어요. |

어떻게 V-게 되셨어요?	N이/가 A/V-아/어서	V-게 되었어요
① 한국어를 배우다	한국 드라마 / 보고 싶다	배우다
② 일을 하다	친구 / 소개해 주다	일을 하다
③ 한국에 오다	저 / 한국 회사에 다니게 되다	오다
④ 식사를 준비하다	어머니 / 바쁘다	제가 요리를 하다
⑤ 싸우다	친구 / 거짓말을 하다	싸우다
⑥ 김치를 먹다	친구 / 만들어 주다	먹다
⑦ 그 사람을 만나다	어머니 / 소개해 주다	만나다
⑧ 한국에서 살다	저 / 한국에서 일하게 되다	살다
⑨		

| 보기 | 날씨가 더웠는데, 지금은 추워졌어요. |

A-았/었는데	A-아/어졌어요
① 어제는 바쁘지 않다	오늘은 많이 바쁘다
② 지난주에는 춥다	이번 주에는 따뜻하다
③ 평일에 차가 적다	주말에는 차가 많다
④ 작년에는 키가 작다	지금은 키다 크다
⑤ 전에는 몸이 약하다	지금은 건강하다
⑥ 아침에는 기분이 나쁘다	지금은 괜찮다
⑦ 사람이 별로 없다	지금은 많아서 복잡하다

| 보기 | 가: 기분이 어때요?
나: 많이 쉬어서 좋아졌어요. |

N이/가 어때요?	V-아/어서 A-아/어졌어요
① 감기	약을 먹다 / 좋다
② 기분	음악을 듣다 / 괜찮다
③ 기분	친구와 싸우다 / 슬프다
④ 건강	운동을 안 하다 / 나쁘다
⑤ 날씨	비가 오다 / 춥다
⑥ 저 영화	세 번 보다 / 재미없다
⑦ 교통 상황	사고가 나다 / 복잡하다
⑧ 몸	일을 많이 하다 / 피곤하다
⑨ 길	눈이 많이 오다 / 미끄럽다

책을 빌리고 싶은데요

문법01

A-(으)ㄴ/는 데요, V-는데요, N(이)ㄴ데요

이 옷이 아주 예쁜데요, 한번 입어 보세요.
한국어는 어려운데요, 재미있어요.
에리나 씨가 누구예요?
-전데요.

쓰세요

기본형	A-(으)ㄴ/는데요	기본형	V-는데요
예쁘다		가다	
좋다		오다	
귀엽다		하다	
춥다		배우다	
없다		읽다	
있다		먹다	
-고 싶다		살다	
멀다		만들다	

계시다 : 계시는데요 / 계신데요

맞다 : 맞는데요

이다 : 인데요

이/가 아니다 : 이/가 아닌데요

 연습 1

보기
제니 씨를 만나러 가는데요. 같이 갑시다.

S	V–는데요 / V–았/었는데요
① 지금 도서관에 가다/ 같이 갈까요?	
② 한국 노래를 자주 듣다/ 한번 들어 보세요	
③ 학교 근처에서 살다/ 가까워서 좋아요	
④ 어제 한국 영화를 보다/ 아주 재미있었어요	
⑤ 친구들을 초대하다/ 아직 청소를 못 했어요	

연습 2

보기
제 이름은 왕홍인데요. 중국 사람입니다.

V	N(이)ㄴ데요 / N이었/였는데요
① 외국 유학생/이 선생님을 뵙고 싶어요	
② 여기가 2단계 교실/ 같이 들어갈까요?	
③ 저의 이름은 에리나/일본에서 왔습니다.	
④ 작년에 학생/ 지금은 컴퓨터 회사에서 일해요	

N에게서[에서] N을/를 빌리다 , N에게 N을/를 빌려주다

도서관에서 책을 빌려요.

친구에게서 옷을 빌렸어요.

왕홍에게 펜을 빌려주었어요.

연습 1

| 보기 |

제니 씨에게서 우산을 빌렸어요.

	N에게서[에서] N을/를 빌렸어요
① 다니엘/ 펜과 종이	
② 히엔 씨/ 휴대전화	
③ 지훈/ 수영복	
④ 한국어학당 사무실/ 노트북	
⑤ 학교 도서관/ 한국 소설책	

연습 2

| 보기 |

히엔 씨에게 책을 빌려줬어요.

	N에게 N을/를 빌려줬어요
① 다니엘/ 3만 원	
② 에리나 씨/ 제 한복	
③ 지훈/ 선글라스	
④ 벤자민/ 큰 가방	
⑤ 동생/ 가방과 원피스	

문법 03

V-아/어요

오늘 영화 보러 가요.
우리 도서관에서 같이 공부해요.
자리가 없으니까 여기에 앉아요.

연습 1

보기
버스를 탑시다. → 버스를 타요.

V-(으)ㅂ시다	V-아/어요
① 같이 갑시다	
② 우리 이제 집에 갑시다	
③ 다음 주에 만납시다	
④ 도서관에서 책을 빌립시다	
⑤ 저녁을 같이 먹읍시다	
⑥ 한국어를 같이 배웁시다	
⑦ 내일부터 운동을 합시다	
⑧ 저녁에 영화를 봅시다	
⑨ 사무실에 전화를 합시다	
⑩	

제3과 축제가 언제인지 알아요?

문법01

N인지 알다[모르다], V-는지 알다[모르다]

서울 병원이 어디인지 아세요?
-네, 이 건물 뒤에 있어요.
제니 씨가 어디에 가는지 아세요?
-아니요, 모르겠어요.

쓰세요

기본형	N인지 알아요	기본형	V-는지 알아요
어디		가다	
언제		듣다	
누구		먹다	
무엇		마시다	
몇 시		살다	
몇 명		만들다	

연습 1

보기	
가: 어디에서 옷을 파는지 아세요?	
나: 네, 알아요. 식당 옆에 있는 가게에서 팔아요.	

V-는지 아세요?	네, 알아요. A/V-아/어요
① 도서관이 어디에 있다	학교 옆에 있다
② 수업이 언제 시작하다	9시에 시작하다
③ 기차가 언제 도착하다	이따가 도착하다

V-는지 아세요?	네, 알아요. A/V-아/어요
④ 율리아 씨가 왜 학교에 안 오다	감기에 걸리다
⑤ 다니엘이 어디에 가다	파티에 가다
⑥ 에리나 씨가 왜 가다	오늘 오후에 약속이 있다
⑦ 제니 씨가 무엇을 배우다	한국어를 배우다
⑧ 그 사람이 어디에 살다	기숙사에 살다
⑨ 지금 무엇을 만들다	김치를 만들다
⑩	

 **연습 2**　　**이야기해 보세요.**

왕　홍: 병원이 어디인지 아세요? 묘　묘: 네, 알아요. 학교 앞에 있어요.	가: N이/가 [누구,언제,어디,왜,몇 N]인지 아세요? 나: 네, 알아요. N이에요[예요] 　　　　　　A/V-아/어요

① 화장실 / 어디 / 교실 옆

② 저 사람 / 누구 / 2단계 선생님

③ 시험 / 언제 / 다음 주 화요일

④ 약속 / 몇 시 / 오후 3시

⑤ ＿＿＿＿＿＿ / ＿＿＿＿＿＿＿

N이/가 아니고 N이다

저는 일본 사람이 아니고 한국 사람입니다.
그것은 콜라가 아니고 커피예요.
제 가방이 아니고 흐엉 씨 가방이에요.

연습 1

N은/는	N이/가 아니고	N이에요[예요]
저	한국 사람	베트남 사람
여기	도서관	식당
제 생일	10월 1일	10월 2일
저 분	학생	선생님
저기	우체국	소방서
수업 시간	10시	9시
2단계 교실	2층	3층
약국	여기	저기
제 동생	고등학생	중학생
숙제	7과	8과

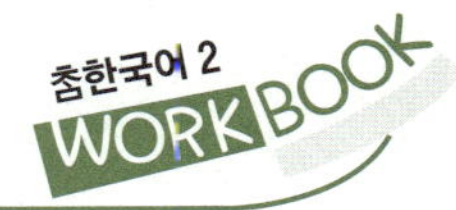

 **연습 2**   **이야기해 보세요.**

왕 홍: 약국이 1층입니까? 에리나: 아니요, 약국은 1층이 아니고 　　　　2층입니다.	가: N이/가 N입니까? 나: 아니요, N은/는 N이/가 아니고 　　N입니다
① 생일 / 4월 ② 저 분 / 선생님 ③ 여기 / 미용실 ④ 이것 / 지훈 씨의 가방 ⑤ 이 책 / 1단계 책	

문법01

V-(으)ㄴ/는/(으)ㄹ 것 같다 , A-(으)ㄴ/(으)ㄹ 것 같다 , N인 것 같다

밖에 비가 오는 것 같아요.

그 치마는 비쌀 것 같아요.

벤자민 씨의 어머니인 것 같아요.

연습 1

보기	가: 마이클 씨 여자 친구가 어떤 것 같아요? 나: (제 생각에) 예쁜 것 같아요.

N이/가 어떤 것 같아요?	(제 생각에) A-(으)ㄴ/는 것 같아요
① 이 책	쉽다
② 저 영화	재미있다
③ 한국어 공부	어렵다
④ 왕홍 씨	멋있다
⑤ 시험	어렵다
⑥ 영어 공부	재미없다
⑦ 날씨	덥다
⑧ 요즘 마이클 씨 기분	좋다
⑨	

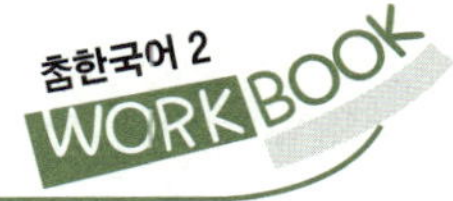

 연습 2

보기	가: 마이클 씨가 공부를 잘하는 것 같아요?
	나: 네, 공부를 잘하는 것 같아요.

N이/가 N을/를[N에] V-는 것 같아요?	네, V-는 것 같아요
① 마이클 씨 / 영화 / 보다	보다
② 왕흥 씨 / 숙제 / 하다	하다
③ 지훈 씨 / 잠 / 자다	자다
④ 히엔 씨 / 학교 / 가다	가다
⑤ 에리나 씨 / 친구 / 만나다	만나다
⑥ 선생님 / 도서관 / 가다	가다
⑦ 언니 / 책 / 읽다	읽다
⑧ 동생 / 옷 / 사다	사다
⑨ 벤자민 씨 / 커피 / 마시다	마시다
⑩	

 연습 3

보기	가: 마이클 씨 여자 친구가 어떨 것 같아요?
	나: (아마) 예쁠 것 같아요.

N이/가 어떨 것 같아요?	(아마) A/V-(으)ㄹ 것 같아요
① 한국어 공부	재미있다
② 이번 시험	어렵다
③ 서윤 씨가 만든 음식	맛있다
④ 내일 날씨	춥다

N이/가 어떨 것 같아요?	(아마) A/V-(으)ㄹ 것 같아요
⑤ 제니 씨 남자친구	멋있다
⑥ 이 음식	맵다
⑦ 이 옷	비싸다
⑧	

연습 4

보기	가: 저 사람은 어느 나라 사람이에요? 나: (제 생각에) 한국 사람인 것 같아요.

N은/는 N이에요?(예요?)	N인 것 같아요
① 저 분 / 누구	한국어 선생님
② 저 학생 / 몇 단계	1단계
③ 저 책 / 누구의 책	마이클 씨 책
④ 저 사람 / 누구	왕훙 씨의 여자 친구
⑤ 이 사람 / 배우	배우
⑥ 이 영화 / 어느 나라 영화	미국 영화
⑦ 이 음식 / 무슨 음식	베트남 음식
⑧	

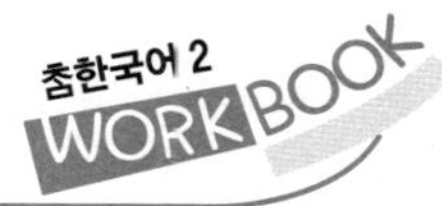

연습 5

| 보기 | 가: 저 사람은 한국 사람이에요?
나: 글쎄요. 한국 사람이 아닌 것 같아요. |

N은/는 N이에요?(예요?)	글쎄요, N이/가 아닌 것 같아요
① 이 것 / 어려운 책	
② 저 사람 / 학생	
③ 이 분 / 1단계 선생님	
④ 이 영화 / 홍콩 영화	
⑤ 저 음식 / 중국 음식	
⑥ 저 학생 / 일본 학생	
⑦ 저 분 / 히엔 씨 어머니	
⑧ 이 음악 / 한국 음악	
⑨	

N을/를 닮다, N와/과 닮다, N은/는 N와/과 N이/가 비슷하다[같다, 다르다]

저는 아버지를 닮았어요.

나는 언니와 닮았어요.

제 동생은 어머니와 성격이 달라요.

연습 1

N은/는	N이/가	N을/를 닮았어요
① 저	눈	어머니
② 동생	입	아버지
③ 언니	얼굴	할머니
④ 저	귀	할아버지
⑤ 저	입술	어머니
⑥ 오빠	눈	아버지
⑦ 저	성격	어머니
⑧ 언니	얼굴	아버지
⑨ 형	성격	아버지
⑩		

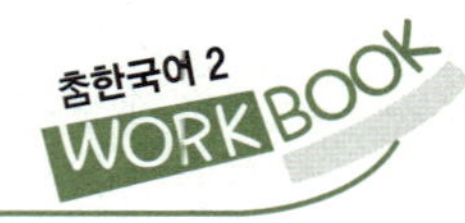

연습 2

N은/는	N와/과	N이/가 닮다/비슷하다/같다/다르다
① 제 친구	저	눈 / 닮다
② 동생	언니	키 / 비슷하다
③ 언니	저	성격 / 같다
④ 저	오빠	성격 / 다르다
⑤ 왕홍 씨	묘묘 씨	얼굴 / 닮다
⑥ 오빠	저	얼굴 / 비슷하다
⑦ 저	동생	키 / 비슷하다
⑧ 언니	오빠	성격 / 다르다
⑨ 히엔 씨	다니엘 씨	키 / 같다
⑩		

연습 3

N은/는	A/V-아/어서	N같아요
① 제 동생	귀엽다	토끼
② 아버지	무섭다	호랑이
③ 언니	똑똑하다	여우
④ 제 오빠	게으르다	곰
⑤ 제 여동생	씩씩하다	남자
⑥ 지훈 씨	멋있다	영화배우
⑦ 서윤 씨	노래를 잘하다	가수
⑧		

문법01

V-(으)ㄹ 줄 알다[모르다]

저는 배구를 할 줄 알아요.

제니 씨, 한자를 읽을 줄 알아요?

한국 음식을 만들 줄 몰라요.

연습 1

보기	가: 피아노를 칠 줄 아세요?
	나: 네, 칠 줄 알아요. / 아니요, 칠 줄 몰라요.

N을/를 V-(으)ㄹ 줄 아세요?	네, V-(으)ㄹ 줄 알아요 아니요, V-(으)ㄹ 줄 몰라요
① 골프 / 치다	치다
② 피아노 / 치다	치다
③ 운전 / 하다	하다
④ 한국 노래 / 부르다	부르다
⑤ 축구 / 하다	하다
⑥ 수영 / 하다	하다
⑦ 스케이트 / 타다	타다
⑧ 스키 / 타다	타다
⑨ 테니스 / 치다	치다
⑩	

 **연습 2**

| 보기 | 가: 외국 학생인 것 같은데, 한국말을 할 줄 아세요?
나: 네, 할 줄 알지만 잘 못 해요.

N인 것 같은데 V-(으)ㄹ 줄 아세요?	네, V-(으)ㄹ 줄 알지만 잘 못 V-아/어요
① 외국 사람 / 불고기를 만들다	만들다
② 외국 사람 / 한국 노래를 부르다	부르다
③ 미국 학생 / 한자를 쓰다	쓰다
④ 외국 학생 / 한국 음식을 먹다	먹다
⑤ 외국 사람 / 한국어를 읽다	읽다
⑥ 외국 사람 / 한국말을 쓰다	쓰다
⑦ 중국 사람 / 한국말을 하다	하다
⑧	

연습 3 읽고 쓰세요.

저는 외국 학생이에요. 한국어학당에서 한국어를 공부해요. 저는 한국말을 할 줄 알지만, 잘 못 써요. 한국말을 읽을 줄 알지만 말을 잘 못 해요. 우리 반 학생 다니엘 씨는 한국말을 잘하는 사람인 것 같아요. 에리나 씨는 요리를 잘 하는 사람인 것 같아요. 왕홍 씨도 요리를 할 줄 아세요. 나타샤 씨는 수영을 할 줄 아세요. <u>여러분은 무엇을 할 줄 아십니까? 친구들은 무엇을 할 줄 압니까? 아래에 써 보세요.</u>

____

____

____

____

V-는 것을 좋아하다[싫어하다]

영화 보는 것을 좋아해요.

요리하는 것을 정말 좋아합니다.

운동하는 것보다 등산하는 것을 좋아해요.

 연습 1　**친구와 이야기해 보세요.**

왕　홍: 무엇을 제일 좋아하세요? 에리나: 영화 보는 것을 가장 좋아해요.	가: 무엇을 제일 좋아하세요? 　　무엇을 제일 싫어하세요? 나: V-는 것을 가장 좋아하다[싫어하다]

전화를 하다	기타를 치다	축구를 하다	스키를 타다	골프를 치다
잠을 자다	컴퓨터를 하다	게임을 하다	산책하다	춤을 추다
영화를 보다	외국어를 배우다	음식을 만들다	노래를 하다	백화점을 구경하다
낚시를 하다	공부를 하다	책을 읽다	편지를 쓰다	물건을 사다
운동을 하다	피아노를 치다	신문을 읽다	운동을 하다	음악을 듣다

문법03   전혀 안 A/V, 전혀 못 V

처음에는 한국어를 전혀 못했어요.
저는 술을 전혀 못 마셔요.
흐엉 씨는 중국어를 전혀 못해요.

연습 1

보기	가: 수영을 할 줄 아세요?
	나: 네, 아주 잘해요. / 별로 잘 못 해요. / 아니요, 전혀 못 해요.

V-(으)ㄹ 줄 아세요?	네, 아주 잘 V-아/어요 별로 잘 못 V-아/어요 아니요, 전혀 못 V-아/어요
① 매운 음식을 먹다	먹다
② 운전을 하다	하다
③ 중국 요리를 만들다	만들다
④ 축구를 하다	하다
⑤ 스키를 타다	타다
⑥	

친구와 이야기해 보세요.

왕　홍: 같이 수영하러 갈까요? 에리나: 미안해요. 못 갈 것 같아요. 　　　저는 전혀 수영을 못 해요.	가: V-(으)ㄹ까요? 나: 미안해요. 못 V-(으)ㄹ 것 같아요. 　　저는 전혀 못 V-아/어요.

① 스키를 타다

② 같이 요리를 하다

③ 식당에 가서 김치찌개를 먹다

④ 야구를 하다

⑤ _________ / __________ / ___________

문법04

A/V-(으)면 좋겠다

이번 여행이 즐거우면 좋겠어요.

올해는 언니가 결혼하면 좋겠어요.

좀 피곤해요. 주말에는 쉬면 좋겠어요.

	A/V-(으)면 좋겠어요
한국말을 잘하다	한국말을 잘하면 좋겠어요
똑똑하다	
날씬하다	

	A/V-(으)면 좋겠어요
그 영화를 보다	
시험이 쉽다	
날씨가 따뜻하다	
생일 파티에 초대하다	
휴대폰 게임을 안 하다	

연습 2

보기
가: 어떤 옷을 사고 싶어요?
나: 싸고 예쁜 옷을 사면 좋겠어요.

어떤 N을/를 V-고 싶어요?	A/V-(으)ㄴ/는 N을/를 A/V-(으)면 좋겠어요
① 음식 / 먹다	맛있다 / 음식 / 먹다
② 남자 / 만나다	재미있다 / 사람 / 만나다
③ 언어 / 배우다	문법이 쉽다 / 언어 / 하다
④ 요리 / 만들다	중국요리 / 만들다
⑤ 책 / 읽다	짧다 / 책 / 읽다
⑥ 영화 / 보다	무섭다 / 영화 / 보다
⑦ 일 / 하다	잘할 수 있다 / 일 / 하다
⑧ 신발 / 사다	싸고 편하다 / 신발 / 사다
⑨ 선물 / 받다	예쁘고 귀엽다 / 인형 / 받다
⑩	

연습 3   친구와 이야기해 보세요.

왕 홍: 에리나 씨, 어떤 음식을 먹을까요? 에리나: 맛있는 음식을 먹으면 좋겠어요.	가: 어떤 N을/를 V-(으)ㄹ까요? 나: A-(으)ㄴ/는 것을 V-(으)면 좋겠어요
① 책 / 읽다 / 재미있다 ② 영화 / 보다 / 무섭다 ③ 음식 / 먹다 / 맵다	④ 음악 / 듣다 / 조용하다 ⑤ 운동 / 하다 / 살이 빠지다 ⑥

제 **6**과 서울에서 제일 유명한 곳이 어디예요?

문법01

A-(으)ㄴ 곳, V-는 곳

정말 아름다운 곳이군요!
거기는 주말에 아주 복잡한 곳이에요.
학교에서 가까운 곳에 서점이 있어요.

 연습 1

보기	
명동/ 사람이 많다 ⇒ 명동은 사람이 많은 곳이에요.	

	N은/는 A-(으)ㄴ/V-는 곳이에요
① 여기/ 차를 세우다	
② 여기/ 담배를 피울 수 없다	
③ 서울/ 복잡하다	
④ 제주도/ 아름답다	
⑤ 그 식당/ 맛있다	
⑥ 사무실/ 선생님이 계시다	
⑦ 3층/ 교실이 있다	
⑧ 여기/낚시할 수 있다	
⑨ 서울 N타워/ 외국인이 많이 가다	
⑩	

N은/는	N을/를[이/가],[(으)로]	V-는 곳이에요
① 도서관	책	읽고 공부하다
② 기숙사	학생들	살다
③ 식당	밥	먹다
④ 한국어 학당	한국어	배우다
⑤ 영화관	영화	보다
⑥ 우체국	소포	보내다
⑦ 매표소	표	팔다
⑧ 출구	밖	나가다
⑨		

문법02

N에서 제일/가장 A/V, N 중에서 제일/가장 A/V

여기가 서울에서 제일 복잡한 곳입니다.
이 식당이 우리 학교 근처에서 제일 맛있어요.
학생 중에서 제니 씨가 가장 노래를 잘해요.

연습 1

보기	가: 옷을 사고 싶은데, 무슨 백화점이 제일 커요? 나: 한국 백화점이 가장 큰 백화점이에요.

A/V-(으)ㄴ/는데 무슨 N이/가 제일 A/V-아/어요?	N이/가 가장 A/V-(으)ㄴ/는 N이에요[예요]
① 영화를 보고 싶다/ 극장/ 가깝다	한국 극장 / 가깝다 / 극장
② 시장에 가다/ 시장/ 물건이 많다	동대문 시장 / 물건이 많다 / 시장

A/V-(으)ㄴ/는데 무슨 N이/가 제일 A/V-아/어요?	N이/가 가장 A/V-(으)ㄴ/는 N이에요[예요]
③ 한국 전통음식을 찾다 / 식당 / 맛있다	인사동에 있는 식당 / 맛있다 / 식당
④ 친구를 만나야 하다 / 카페 / 크다	별카페 / 크다 / 카페
⑤ 서울을 구경하다 / 거리 / 유명하다	명동 / 유명하다 / 거리
⑥ 병원에 가다 / 병원 / 크다	대한 병원 / 크다 / 병원
⑦ 여행을 가려고 하다 / 산 / 아름답다	설악산 / 아름답다 / 산
⑧ 책을 읽으려고 하다 / 도서관 / 좋다	학교 도서관 / 좋다 / 도서관
⑨	

 연습 2 친구와 이야기해 보세요.

왕 홍: 미코 씨, 식당에 가는 게 어때요? 에리나: 미안해요. 빵을 많이 먹어서 　　　　못 가겠어요.	가: V-는 것이[게] 어때요? 나: A/V-아/어서 못 V-겠어요

① 도서관 / 바쁘다

② 수영장에 가다 / 감기에 걸리다

③ 노래방에 가다 / 시험 공부를 해야 하다

④ 영화 보러 가다 / 피곤하다

⑤ ___________ / _______________

문법01

V-(으)려면

경복궁에 가려면 어떻게 가야 해요?
가수가 되려면 노래를 잘해야 합니다.
불고기를 만들려면 무엇이 필요해요?

연습 1

| **보기** | 가: 한국어학당 가려면 어떻게 해야 해요? |
| | 나: 752번 버스를 타야 해요. |

V-(으)려면 어떻게 해야 해요?	V-아/어야 해요
① 서울문고에 가다	지하철 2호선을 타다
② 한국말을 정확하게 발음하다	열심히 읽고 따라하다
③ 명동에 가다	지하철 4호선을 타고 명동역에서 내리다
④ 한국어를 공부하다	한국어를 가르치는 곳을 찾다
⑤ 김밥을 만들다	김밥 재료를 준비하다
⑥ 다이어트를 하다	열심히 운동하고 조금 먹다
⑦	

문법02

V–(으)면 N이다

오른쪽으로 가면 도서관이에요.

4번 출구로 나오면 버스정류장이에요.

여기에서 길을 건너면 백화점이에요.

연습 1

보기	가: 어디로 가면 서점입니까?
	나: 여기에서 오른쪽으로 가면 서점이에요.

어디로 가면 N입니까?	V–(으)면 N이에요[예요]
① 백화점	버스 정류장에서 오른쪽으로 가다 / 백화점
② 우체국	여기에서 왼쪽으로 가다 / 우체국
③ 지하철역	학교 앞에서 곧장 가다 / 지하철역
④ 사무실	아래층으로 가다 / 사무실
⑤ 한국병원	이 버스를 타고 곧장 가다 / 한국병원
⑥ 남대문 시장	왼쪽으로 가다 / 남대문 시장
⑦ 노래방	육교를 건너가다/ 노래방
⑧ 세탁소	횡단보도를 건너다 / 세탁소
⑨ 미용실	이곳에서 지하도를 건너가다 / 미용실
⑩	

V-지 말다, V-지 말고 V-(으)세요

오늘은 도서관에 가지 맙시다.
여기에서 사진을 찍지 마세요.
날씨가 추우니까 밖에서 운동하지 맙시다.

연습 1

보기	가: 배가 고픈데, 식당에 갈까요?
	나: 식당에 가지 말고, 우리 집으로 갑시다.

A/V-(으)ㄴ/는데 V-(으)ㄹ까요?	V-지 말고 V-(으)ㅂ시다
① 피곤하다 / 여기에서 쉬다	쉬다 / 기숙사에 가다
② 버스가 없다 / 택시를 타다	택시를 타다 / 지하철을 타다
③ 날씨가 좋다 / 놀러 가다	놀러 가다 / 운동하러 가다
④ 옷을 사야 하다 / 백화점에 가다	백화점에 가다 / 동대문 시장에 가다
⑤ 배가 고프다 / 라면을 먹다	라면을 먹다 / 밥을 먹다
⑥ 기분이 안 좋다 / 맥주를 마시다	맥주를 마시다 / 산책하다
⑦ 기분이 좋다 / 영화를 보다	영화를 보다 / 놀이공원에 가다
⑧ 친구가 안 오다 / 전화를 해 보다	전화를 하다 / 조금 더 기다리다
⑨ 피곤하다 / 커피를 마시다	커피를 마시다 / 따뜻한 차를 마시다
⑩	

연습 2

보기	가: 머리가 아파요.
	나: 그러면 일하지 말고 병원에 가세요.

A/V-아/어요	그러면 V-지 말고 V-(으)세요
① 오늘 시간이 많다	집에 있다 / 밖에 나가서 산책하다

A/V-아/어요	그러면 V-지 말고 V-(으)세요
② 배가 많이 아프다	집에 있다 / 빨리 병원에 가다
③ 이 책은 재미없다	그 책을 읽다 / 다른 책을 읽다
④ 오늘은 아주 힘들다	일하다 / 좀 쉬다
⑤ 목이 많이 아프다	아이스크림을 먹다 / 따뜻한 차를 마시다
⑥ 친구가 안 오다	기다리다 / 전화 해 보다
⑦ 감기에 걸리다	공부하다 / 집에 가서 주무시다
⑧	

문법04

N(으)로

아침에 지하철로 학교에 갑니다.
제주도는 고속버스로 갈 수 없어요.
수업시간에는 한국어로 이야기하세요.

연습 1

┃보기┃	가: 집에서 학교까지 얼마나 걸려요? 나: 버스로 30분쯤 걸려요.

N에서 N까지 얼마나 걸려요?	N(으)로 N쯤 걸려요
① 학교 / 집	택시 / 5분
② 회사 / 극장	지하철 / 1시간
③ 학교 / 기숙사	자전거 / 10분
④ 한국어학당 / 이수역	버스 / 15분
⑤ 여기 / 시내	지하철 / 25분
⑥ 학교 / 공항	버스 / 1시간
⑦ 여기 / 백화점	지하철 / 35분
⑧	

감기 때문에 집에서 쉬었어요

문법01

N 때문에

비 때문에 산에 못 가요.
감기 때문에 머리가 아파요.
시험 성적 때문에 기분이 안 좋아요.

연습 1

보기	가: 왜 학교에 안 왔어요? 나: 감기 때문에 못 왔어요.

왜 V-았/었어요?	N 때문에 V-았/었어요
① 늦게 오다	버스 / 늦게 오다
② 밥을 안 먹다	일 / 밥을 못 먹다
③ 잠을 안 자다	숙제 / 잠을 못 자다
④ 산에 안 가다	시험 / 산에 안 가다
⑤ 지각을 하다	동생 / 지각을 하다
⑥ 결석을 하다	감기 / 결석을 하다
⑦ 늦게 자다	아르바이트 / 늦게 자다
⑧ 친구를 안 만나다	다른 약속 / 친구를 못 만나다
⑨ 공부를 안 하다	일 / 공부를 못 하다
⑩	

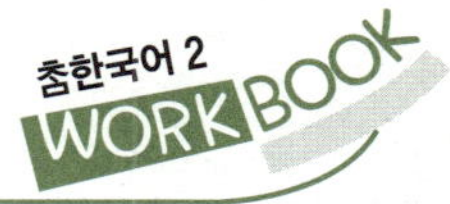

문법 02

N(이)라서

겨울이라서 눈이 많이 내려요.
다음 주가 시험이라서 공부해야 해요.
이 옷은 제가 좋아하는 옷이라서 자주 입어요.

연습 1

| 보기 | 가: 백화점에 사람이 많아요?
나: 네, 일요일이라서 사람이 많아요. |

A/V-아/어요?	N(이)라서 A/V-아/어요
① 학교에 안 가다	방학 / 쉬다
② 한국말을 잘하다	2단계 학생 / 아직 잘 못 하다
③ 시간이 있다	시험 / 시간이 없다
④ 전화를 할 수 있다	수업 시간 / 전화를 할 수 없다
⑤ 인사동이 어디인지 알다	처음 / 저도 잘 모르다
⑥ 이 구두가 많이 비싸다	백화점에서 파는 구두 / 비싸다
⑦ 한국에서 생활하기가 어떻다	외국 사람 / 생활이 좀 불편하다
⑧ 김치를 먹기가 어떻다	매운 음식 / 먹기가 힘들다
⑨	

N(이)나 N

국수나 라면을 주세요.
토요일이나 일요일에 만나요.
친구에게 편지나 이메일을 보내려고 해요.

연습 1

보기	가: 몇 번 버스를 탈까요?
	나: 11번이나 12번 버스를 타는 것이 어때요?

V-(으)ㄹ까요?	N(이)나 N을/를[에/에서] V-는 것이 어때요?
① 무엇을 사다	라면 / 빵 / 사다
② 언제 여행을 가다	이번 주 / 다음 주 / 읽다
③ 어디에서 운동하다	공원 / 운동장 / 운동하다
④ 무엇을 먹다	김밥 / 비빔밥 / 먹다
⑤ 무엇을 하다	영화 / 텔레비젼 / 보다
⑥ 무슨 음식을 만들다	중국 요리 / 일본 요리 / 만들다
⑦ 무슨 영화를 보다	슬픈 영화 / 재미있는 영화 / 보다
⑧ 무엇을 준비하다	케이크 / 떡 / 준비하다
⑨ 어디에서 만나다	학교 앞 / 학교 안 커피숍 / 만나다
⑩	

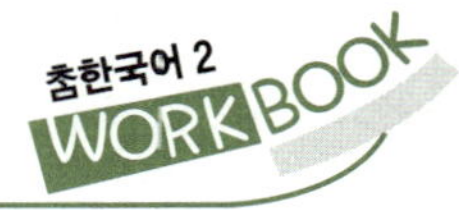

한걸음 더!

N(으)로 하다

커피로 할게요.
불고기로 하겠어요.

연습 1

보기	가 : 뭘 드시겠어요? 나 : 비빔밥으로 할게요.

V-(으)시겠어요?	N(으)로 V-(으)ㄹ게요
① 무엇으로 계산하다	신용카드
② 어떻게 하다	할부
③ 몇 개월 동안 배우다	3개월 동안
④ 뭘 먹다	설렁탕
⑤ 뭘 주문하다	김밥하고 떡볶이
⑥ 뭘 시키다	불고기 피자
⑦ 어떤 옷을 입어 보다	원피스
⑧	

문법01

V-(으)면 되다

한국 사람과 많이 만나면 돼요.
책과 볼펜을 준비하면 돼요.
엽서를 보내려면 우체국으로 가면 돼요.

쓰세요

기본형	V-(으)면 돼요	기본형	V-(으)면 돼요
가다		만나다	
먹다		만들다	
듣다		보내다	
사다		바꾸다	

연습 1

┃보기┃
가: 몇 시까지 학교에 가야 해요?
나: 8시 반까지 학교에 오면 돼요.

V-아/어야 해요?	V-(으)면 돼요
① 언제까지 이 음식을 만들다	9시까지 만들다
② 몇 과까지 숙제를 하다	7과까지 숙제를 하다
③ 언제까지 집에 들어가다	10시까지 들어오다
④ 며칠까지 등록하다	다음 주까지 등록하다
⑤ 사진을 몇 장 가져가다	세 장 가져오다
⑥	

문법02

A/V-기 때문에

비가 오기 때문에 운동을 못해요.
집이 가깝기 때문에 걸어서 갈 수 있어요.
공부를 열심히 했기 때문에 시험을 잘 봤어요.

연습 1

| 보기 | 가: 왜 학교에 안 가세요?
나: 배가 많이 아프기 때문에 못 가요.

왜 A/V-(으)세요?	A/V-기 때문에 A/V-아/어요
① 이사하다	학교에서 멀다 / 이사하다
② 한국어를 배우다	대학원에 가고 싶다 / 배우다
③ 잠을 안 자다	내일까지 해야 하다 / 못 자다
④ 병원에 가다	감기에 걸리다 / 병원에 가다
⑤ 청소를 안 하다	피곤하다 / 청소를 못 하다
⑥ 숙제를 안 하다	일이 많다 / 숙제를 못 하다
⑦ 빨리 나가다	부모님께서 기다리다 / 빨리 가야 하다
⑧ 맥주를 많이 마시다	슬픈 일이 있다 / 마시다
⑨ 책을 읽다	숙제를 해야 하다 / 읽다
⑩	

보기	가: 어제 왜 학교에 안 가셨어요?
	나: 배가 많이 아팠기 때문에 못 갔어요.

왜 A/V-(으)셨어요?	A/V-았/었기 때문에 A/V-았/었어요
① 주말에 축구를 안 하다	다리가 아프다 / 못 하다
② 어제 숙제를 안 하다	집에 부모님이 오다 / 못 하다
③ 그저께 거기에 안 가다	시간이 없다 / 못 가다
④ 주말에 회사에 가다	일이 많다 / 가다
⑤ 지난주에 청소를 안 하다	너무 피곤하다 / 청소를 못 하다
⑥ 출근을 안 하다	몸살이 나다 / 못 하다
⑦ 어제 밤에 술을 많이 마시다	여자 친구와 헤어지다 / 많이 마시다
⑧	

문법03

V-나요?, A-(으)ㄴ가요?, N인가요?

어디에 가나요?

거기 날씨가 더운가요?

여기가 한국어학당인가요?

쓰세요

기본형	V-나요?	기본형	V-나요?
요리를 하다		집에 가다	
영화를 보다		무엇을 먹다	
음악을 듣다		책을 읽다	
음식을 만들다		친구를 만나다	

기본형	A-(으)ㄴ가요?	기본형	A-(으)ㄴ가요?
아프다		어렵다	
바쁘다		맵다	
좋다		따뜻하다	
힘들다		심심하다	

연습 1

보기	가: 명동에 어떻게 가나요?
	나: 지하철 4호선을 타고 가면 돼요.

V-나요?	V-(으)면 돼요
① 무엇을 사야 하다	과자와 음료수를 사다
② 몇 시까지 가야 하다	9시까지 오다
③ 몇 과까지 외워야 하다	16과까지 외우다
④ 얼마를 환전해야 하다	100만원만 바꾸다
⑤ 몇 시까지 학교에 가면 되다	8시 반까지 오다
⑥ 언제까지 숙제를 내면 되다	다음 주까지 숙제를 내다
⑦ 어떻게 등록하다	이메일로 등록하다
⑧	

 **연습 2**

| 보기 | 가: 저 사람이 한국대학교 학생인가요?
나: 네, 한국대학교 학생이에요. |

N인가요?	네, N이에요[예요] 아니요, N(이)에요[예요]
① 이게 한국 역사책	한국 역사책
② 이 표는 왕복표	왕복표
③ 이 기차는 부산행	대전행
④ 여기가 우체국	우체국
⑤ 오늘이 목요일	목요일
⑥ 저 사람이 외국 사람	한국 사람
⑦ 이 꽃이 장미	장미꽃
⑧ 여기가 서울역	서울역
⑨ 이곳이 2단계 교실	3단계 교실
⑩	

제10과 한옥에 가 본 적이 있어요?

문법01

V-(으)ㄴ 적(이) 있다[없다], V-아/어 본 적(이) 있다[없다]

한국 영화를 본 적이 있어요?
이사를 해 본 적이 있어요.
비빔밥을 먹어 본 적이 없어요.

 연습 1

| 보기 | 한국 영화를 본 적이 있어요. |

	V-(으)ㄴ 적(이) 있어요
① 제주도에 가다	
② 아르바이트를 하다	
③ 불고기를 만들다	
④ 장학금을 받다	
⑤ 유명한 사람을 만나다	
⑥ 삼계탕을 먹다	
⑦ 한국말로 편지를 쓰다	
⑧ 미국에서 3년동안 살다	
⑨	

┃보기┃	가: 비빔밥을 먹어 본 적이 있어요? 나: 네, 먹어 본 적이 있어요. 　　아니요, 먹어 본 적이 없어요.

N을/를 V-아/어 본 적이 있어요?	네, V-아/어 본 적이 있어요 아니요, V-아/어 본 적이 없어요
① 한국 음식 / 먹다	
② 막걸리 / 마시다	
③ 한국 영화 / 보다	
④ 자동차 / 운전하다	
⑤ 외국어 / 배우다	
⑥ 소포 / 부치다	
⑦ 피아노 / 치다	
⑧ 불꽃놀이 / 하다	
⑨ 한국 사람 / 만나다	
⑩	

문법02

V-기(가) A

이 책은 쉬워서 읽기 좋아요.
이 집은 커서 청소하기가 힘들어요.
도서관은 조용해서 공부하기가 좋아요.

 **연습 1**

보기
이 책은 읽기가 쉬워요.

N은/는	V-기가 A-아/어요
① 이 요리	만들다 / 쉽다
② 이 노래	듣기 / 좋다
③ 저 의자	앉다 / 편하다
④ 이 노래	부르다 / 쉽다
⑤ 이 책	읽다 / 쉽다
⑥ 한국어	배우다 / 어렵다
⑦ 한국말	발음하다 / 힘들다
⑧ 오늘	숙제하다 / 싫다
⑨ 이 구두	신다 / 불편하다
⑩	

문법03

A/V-지 않아요?

오늘은 덥지 않아요?

시험이 어렵지 않아요?

10시까지 가야 하지 않아요?

연습 1

보기	가: 이 옷이 예쁘지 않아요?
	나: 네, 정말 예뻐요. / 아니요, 별로 안 예뻐요.

A/V-지 않아요?	네, A/V-아/어요 아니요, 별로 안[못] A/V-아/어요
① 제니 씨가 한국말을 잘하다	
② 다니엘 씨가 노래를 잘 부르다	
③ 일찍 자야 하다	
④ 오늘 날씨가 춥다	
⑤ 동대문 시장 옷이 싸다	
⑥ 김치가 맵다	
⑦	

제11과 인사법에 대해서 알아 오세요

V-도록 하다

그 일은 제가 하도록 하겠습니다.
노약자들에게 자리를 양보하도록 합시다.
다음 주까지 기숙사 신청서를 내도록 하세요.

연습 1

| 보기 | 가: 머리가 많이 아파요.
나: 그러면 이 약을 먹도록 하세요. |

A/V-아/어요	V-도록 하세요
① 배가 많이 아프다	집에 가서 쉬다
② 시험이 어렵다	공부를 많이 하다
③ 이번 시험을 잘 못 보다	다음 시험은 더 잘 보다
④ 감기에 걸리다	따뜻한 차를 마시다
⑤ 제니 씨 전화번호를 모르다	히엔 씨에게 물어보다
⑥ 휴대폰 요금이 많이 나오다	통화를 조금 하다
⑦ 날씨가 춥다	옷을 많이 입다
⑧ 건강이 안 좋다	담배를 끊다
⑨ 이제 몸이 좀 괜찮다	퇴원하다
⑩	

| **보기** | 음료수를 마시지 않도록 하세요. |

	V-지 않도록 하세요
① 늦다	
② 실수하다	
③ 게임을 많이 하다	
④ 혼자 가다	
⑤ 커피를 하루에 세 잔 이상 마시다	
⑥ 여기에서 사진을 찍다	
⑦ 오후 5시까지 전화를 하다	
⑧ 담배를 자주 피우다	
⑨ 수업시간에 휴대폰을 사용하다	
⑩	

문법02

A/V-아야/어야 되다

빨리 예약해야 돼요.

12시까지 집에 돌아가야 돼요.

다음 주까지 숙제를 모두 끝내야 돼요.

 **연습 1**

| 보기 | 가: 책을 사려고 하는데 어디로 가야 돼요?
나: 광화문에 있는 교보 문고로 가면 돼요. |

A/V-(으)ㄴ/는데 A/V-아/어야 돼요?	A/V-(으)면 돼요
① 불고기를 만들고 싶다 / 무엇으로 만들다	소고기로 만들다
② 한국어를 배우려고 하다/ 어떻게 하다	한국어학당에 가다
③ 편지를 부치려고 하다 / 어디에 가다	우체국에 가다
④ 돈을 환전하려고 하다 / 어디로 가다	환전소나 은행에 가서 바꾸다
⑤ 옷을 사고 싶다 / 어디로 가다	동대문 시장에 가다
⑥ 영어를 배우고 싶다 / 무엇이 있다	책과 사전이 있다
⑦ 문화 수업을 듣다 / 어디에서 등록하다	한국어학당 사무실에서 등록하다
⑧ 이 문제를 모르다 / 어떻게 하다	선생님께 질문하다
⑨	

보기	
밖에 나가면 안 돼요. 집에 있어야 돼요.	

V-(으)면 안 돼요	A/V-아/어야 돼요
① 놀다	시험 준비를 하다
② 사진을 찍다	눈으로 보다
③ 돈을 다 쓰다	모으다
④ 지금 고향에 가다	다음 달에 가다
⑤ 6시에 시작하다	7시에 시작하다
⑥ 지금 그걸 말하다	비밀을 지키다
⑦ 수업 시간에 메시지를 보내다	쉬는 시간에 보내다
⑧ 여기에서 음식을 만들다	부엌에서 만들다
⑨ 왼쪽으로 가다	오른쪽으로 돌아가다
⑩	

문법03

V-아/어 가다[오다]

이 숙제는 다음 주까지 해 오세요.
시장에 가서 과일 좀 사 갈까요?
친구 생일에 케이크를 만들어 갈 거예요.

쓰세요

기본형	V-아/어 오세요	기본형	V-아/어 왔어요
사다		사다	
알다		알다	
하다		하다	
쓰다		쓰다	
배우다		배우다	
빌리다		빌리다	

연습 1

┃보기┃ 빵을 사 오세요.

	V-아/어 오세요
① 이름과 주소 / 알다	
② 사전 / 빌리다	
③ 불고기 / 만들다	
④ 오늘 배운 단어 / 세 번 쓰다	
⑤ 장미꽃 / 사다	
⑥ 김밥과 음료수 / 준비하다	
⑦ 숙제 / 공책에 쓰다	
⑧ 예쁜 사진 / 찍다	
⑨ 외국인 등록증 / 받다	

문법01

V-(으)려고 V

어머니 선물을 사려고 백화점에 가요.
한복을 사려고 인사동에 갔어요.
부모님을 만나려고 고향에 왔어요.

연습 1

보기	가: 왜 케이크를 사세요?
	나: 친구에게 주려고 사요.

왜 V-(으)세요?	V-(으)려고 V-아/어요
① 선물을 사다	친구에게 선물을 주다 / 사다
② 한국말을 배우다	한국 회사에 취직을 하다 / 배우다
③ 택시를 타다	빨리 가다 / 타다
④ 시장에 가다	음식을 사다 / 가다
⑤ 우체국에 가다	소포를 보내다 / 가다
⑥ 외출하다	친구를 만나다 / 나가다
⑦ 사무실에 가다	등록을 하다 / 가다
⑧ 이 책을 사다	한국어를 공부하다 / 사다
⑨	

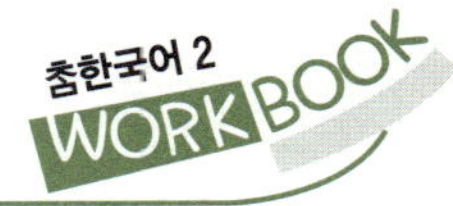

연습 2

| 보기 | 가: 한국어학당에 등록을 하려고 하는데 무엇이 필요해요?
나: 사진과 여권이 필요해요.

V-(으)려고 하는데	N이/가 필요하다
① 등산하다	등산복과 운동화
② 외국인 등록증을 만들다	사진 두 장
③ 수영장에 가다	수영복과 물안경
④ 옷을 교환하다	영수증
⑤ 청소를 하다	청소기와 걸레
⑥ 생일 파티에 가다	케이크와 선물
⑦ 여행을 가다	지도와 카메라
⑧ 한국 회사에서 일하다	토픽 점수
⑨	

연습 3　친구와 같이 말해 보세요.

왕　홍: 왜 한국어를 배우세요? 에리나: 대학교에서 공부하려고 한국어를 　　　　배워요.	가: 왜 V-(으)세요? 나: V-(으)려고 V-아/어요
① 왜 꽃을 사다 ／ 친구에게 선물을 주다	
② 왜 우체국에 가다 ／	
③ 왜 은행에 가다 ／	
④	

N이/가 어떻게 됩니까?

가족이 어떻게 되세요?

비행기 요금이 어떻게 됩니까?

죄송하지만, 나이가 어떻게 되세요?

연습 1

보기	가: 실례지만, 나이가 어떻게 됩니까? 나: 20살입니다.

N이/가 어떻게 됩니까?	N입니다
① 성함	
② 연락처	
③ 연세	
④ 주소	
⑤ 나이	
⑥ 도착 시간	
⑦ 휴대폰 번호	
⑧	

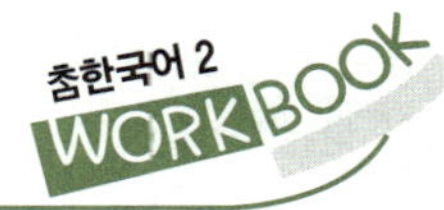

문법 03

V-(으)ㄹ래요? / V-(으)ㄹ래요

에리나 씨, 무엇을 마실래요?
– 저는 녹차를 마실래요.
뭘 드릴까요?
– 커피 한 잔 주실래요?

✎ 쓰세요

기본형	V-(으)ㄹ래요	기본형	V-(으)ㄹ래요
가다		읽다	
사다		듣다	
보다		만들다	
준비하다		보내다	

연습 1

보기	가: (우리 같이) 영화관에 갈래요? 나: 네, 갑시다.

V-(으)ㄹ래요?	네, V-(으)ㅂ시다
① 식당에 밥을 먹으러 가다	가다
② 주말에 영화를 보다	보다
③ 명동에서 친구를 만나다	만나다
④ 모르는 문법을 선생님께 물어보다	물어보다
⑤ 도서관에 가서 시험공부를 하다	하다
⑥	

 **연습 2**

| 보기 | 가: 제가 바빠서 그러는데, 히엔 씨가 가 주실래요?
나: 네, (제가) 갈게요. |

OO 씨가 V-아/어 주실래요?	네, (제가) V-(으)ㄹ게요
① 다니엘 / 영화표를 사다	사다
② 에리나 / 전화를 받다	전화 받다
③ 벤자민 / 음식을 만들다	만들다
④ 왕홍 / 이것을 준비하다	준비하다
⑤ 테츠야 / 운전하다	운전하다
⑥	

제주도에 갈 건가요?

문법01

A/V-(으)면 A/V-(으)ㄹ 거예요

여행 가면 재미있을 거예요.
외국에 가면 가족이 보고 싶을 거예요.
부모님이 오시면 아주 기쁠 거예요.

연습 1

보기	가: 한국말을 잘하고 싶은데 어떻게 해야 하지요?
	나: 한국 사람과 이야기를 많이 하면 잘할 수 있을 거예요.

A/V-(으)ㄴ/는데 어떻게 하지요?	A/V-(으)면 A/V-(으)ㄹ 거예요
① 요리를 못 하다	자주 만들어 보다 / 잘하다
② 한국말을 잘 못하다	한국 친구를 많이 만나다 / 잘하다
③ 날씨가 춥다	두꺼운 옷을 입다 / 따뜻하다
④ 약속 시간에 늦었다	택시를 타다 / 빨리 갈 수 있다
⑤ 친구 생일 때문에 선물을 사야 되다	꽃과 와인을 사다 / 친구가 좋아하다
⑥ 출입국 사무소에 가야 하다	지하철을 타다 / 갈 수 있다
⑦ 한국어를 배우고 싶다	한국어학당에 가다 / 배울 수 있다
⑧ 호텔을 예약해야 되다	전화하다 / 빈방을 확인할 수 있다
⑨ 한국어 책을 사고 싶다	서점에 가다 / 살 수 있다
⑩	

V-(으)ㄹ 건가요?

태권도를 배울 건가요?
오후에 친구를 만날 건가요?
백화점에서 옷을 살 건가요?

쓰세요

기본형	V-(으)ㄹ 건가요?	기본형	V-(으)ㄹ 건가요?
가다		한국어 책을 읽다	
듣다		돌아오다	
전화하다		다시 만나다	
음식을 만들다		서울에서 살다	
그 사람과 일하다		연락을 하다	
숙제를 하다		편지를 쓰다	
노래를 부르다		메시지를 보내다	

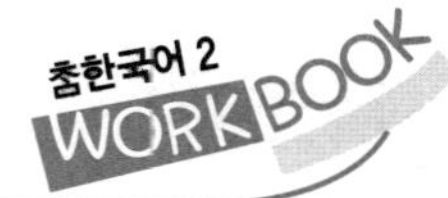

문법 03

별로 A/V-지 않다

오늘 별로 덥지 않아요.
제 방은 별로 넓지 않아요.
주말에 별로 공부하지 않았어요.

연습 1

기본형	별로 A/V-지 않아요
크다	
춥다	
맵다	
아프다	
좋다	
좋아하다	
싫어하다	
읽다	
만들다	

 **연습 2**

▌보기▐	가: 어제 만난 여자가 어땠어요?
	나: 별로 예쁘지 않았어요.

N이/가 어땠어요?	별로 A/V-지 않았어요
① 지난주에 들은 수업	쉽다
② 미술관 구경	좋다
③ 어제 먹은 떡볶이	맵다
④ 주말에 다친 다리	아프다
⑤ 제니 씨가 소개해 준 남자	친절하다
⑥ 어제 본 영화	슬프다
⑦	

제14과 친구와 이야기하고 나서 오겠습니다

문법01

V-고 나서

버스가 출발하고 나서 손님들이 왔어요.

숙제를 하고 나서 컴퓨터로 영화를 봤어요.

저는 보통 복습을 하고 나서 숙제를 해요.

연습 1

보기	가: 오후에 뭘 하실 거예요?
	나: 수업을 하고 나서 명동에 갈 거예요.

S	V-고 나서 V-(으)ㄹ 거예요. V-고 나서 V-아/어요
① 오늘 뭘 하실 거예요?	점심을 먹다 / 도서관에 가다
② 언제 저희 집에 오실 거예요?	숙제하다 / 가다
③ 언제 대학교에 가실 거예요?	2년 동안 공부하다 / 대학교에 가다
④ 주말에 보통 뭐 하세요?	숙제하다 / 텔레비전을 보다
⑤ 오후에 보통 뭐 하세요?	운동하다 / 숙제를 하다
⑥ 일요일에 뭘 하실 거예요?	쉬다 / 농구를 하다
⑦	

| **보기** | 저는 한국에 오고 나서 매운 음식을 더 잘 먹게 되었어요. |

V-고 나서	V-게 되었어요 , A-아/어졌어요
① 한국 친구 / 만나다	한국 문화 / 알다
② 영화 / 보다	마음 / 슬프다
③ 시험 / 보다	스트레스 / 없다
④ 한국어학당 / 한국어를 배우다	한국말 / 잘하다
⑤ 친구 / 싸우다	후회하다
⑥ 그 사람 / 만나다	기분 / 즐겁다
⑦	

| **보기** | 가: 숙제를 다 하고 나서 뭘 하실 거예요?
나: 숙제를 다 하고 나서 잠을 자려고 해요. |

N을/를 V-고 나서 뭘 하실 거예요?	N을/를 V-고 나서 N을/를 V-(으)려고 해요
① 밥 / 먹다	밥 / 먹다 / 쇼핑 / 하다
② 영화 / 보다	영화 / 보다 / 친구와 밥 / 먹다
③ 일 / 끝내다	일 / 끝내다 / 텔레비전 / 보다
④ 음식 / 만들다	음식 / 만들다 / 음식 사진 / 찍다
⑤ 시험 / 보다	시험 / 보다 / 제주도 / 여행하다
⑥ 청소 / 하다	청소 / 하다 / 시험 / 준비하다
⑦	

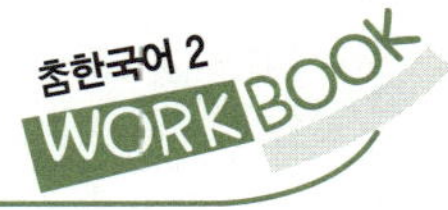

문법02

V-거나 V

아침에 빵을 먹거나 밥을 먹어요.
친구들과 같이 농구하거나 축구하고 싶어요.
공원에 가면 자전거를 타거나 스케이트를 타지요.

연습 1

| 보기 | 가: 주말에 무엇을 할 거예요?
나: 영화를 보거나 숙제를 할 거예요. |

N에 V-(으)ㄹ 거예요?	V-거나 V-(으)ㄹ 거예요
① 월요일 / 어디에 가다	학교에 가다 / 식당에 가다
② 화요일 / 무엇을 먹다	칼국수를 먹다 / 비빔밥을 먹다
③ 수요일 / 무엇을 하다	집에서 쉬다 / 영화 보다
④ 오늘 저녁 / 무엇을 하다	숙제를 하다 / 청소하다
⑤ 내일 점심 / 누구하고 먹다	친구와 먹다 / 혼자 먹다
⑥ 주말 / 무슨 영화를 보다	한국 영화를 보다 / 중국 영화를 보다
⑦	

잘못 V, 잘 못 V

버스를 잘못 탔어요.
전화를 잘못 걸었어요.
수영을 잘하세요?
– 아니요, 저는 잘 못해요.

연습 1

| 보기 | 가: 다니엘 씨 집에 전화를 했어요?
| 나: 전화를 했는데, 안 받아요. 제가 전화번호를 잘못 알았어요.

A/V–았/었어요?	A/V–아/어야 하는데, A/V–았/었어요. 제가 잘못 V–았/었어요
① 김치찌개를 만들다	김치찌개를 만들다 / 된장찌개를 만들다 만들다
② 이메일을 보내다	선생님께 보내다 / 친구에게 보내다 보내다
③ 학교에 전화를 하다	학교에 전화를 하다 / 집에 전화를 하다 전화를 하다
④ 4과 숙제를 하다	4과 숙제를 하다 / 5과 숙제를 하다 알다
⑤ 어제 왜 병원에 가다	따뜻한 음식을 먹다 / 찬 음식만 먹다 먹다
⑥	

 **연습 2**

보기	가: 테니스를 칠 줄 아세요?
	나: 칠 줄 아는데 잘 못 쳐요.

V-(으)ㄹ 줄 아세요?	V-(으)ㄹ 줄 아는데 잘 못 V-아/어요
① 한국 음식을 만들다	만들다
② 스케이트를 타다	타다
③ 러시아어로 말하다	말하다
④ 낚시하다	낚시하다
⑤ 태권도를 하다	하다
⑥ 종이로 꽃을 만들다	만들다
⑦	

문법01

A-게

수업에 늦게 가면 안 돼요.
그 영화를 아주 재미있게 봤어요.
이 옷을 명동에서 아주 싸게 샀어요.

 쓰세요

기본형	A-게	기본형	A-게
좋다	좋게	재미있다	
쉽다		정확하다	
어렵다		많다	
늦다		적다	
싸다		조용하다	
비싸다		깨끗하다	
짧다		빠르다	
길다		느리다	
맛있다		자세하다	

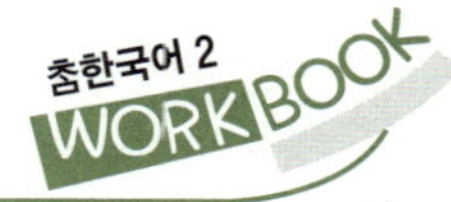

연습 1

| 보기 |

가: 어제 텔레비전을 봤어요?
나: 네, 재미있게 봤어요.

V-았/었어요?	네, A-게 A/V-았/었어요
① 불고기, 먹다	맛있다
② 일, 끝내다	쉽다
③ 어떻게, 지내다	바쁘다
④ 주말, 영화, 보다	재미있다
⑤ 동대문 시장, 옷, 사다	싸다
⑥	

문법02

A/V-(으)ㄹ 테니까

전화할 테니까 이따가 이야기해요.
시험이 어려울 테니까 공부를 합시다.
날씨가 추울 테니까 옷을 많이 입으세요.

쓰세요

기본형	A/V-(으)ㄹ 테니까	기본형	A/V-(으)ㄹ 테니까
영화를 보다		도와주다	
시험이 어렵다		숙제를 하다	
음식을 만들다		책을 읽어 주다	
여기에서 살다		날씨가 춥다	
음악을 듣다		깎아 드리다	

| 보기 |

시간이 없을 테니까 빨리 가세요.

A/V-(으)ㄹ 테니까	V-(으)세요
① 날씨가 춥다	옷을 많이 입다
② 시험이 어렵다	공부를 열심히 하다
③ 김치가 맵다	조금 먹다
④ 숙제를 도와주다	걱정하지 말다
⑤ 배가 고프다	빨리 식사를 하다
⑥ 제가 청소하다	외출하다
⑦ 부모님께서 걱정하시다	빨리 전화를 하다
⑧ 몸이 피곤하다	일하지 말고 쉬다
⑨ 돈이 모자라다	아껴 쓰다
⑩	

친구와 말해 보세요.

왕 홍: 선생님 댁에 전화를 해야 되는데, 　　　계실까요? 에리나: 네, 계실 테니까 지금 해 보세요.	가: A/V-(으)ㄴ/는데 A/V-(으)ㄹ까요? 나: A/V-(으)ㄹ 테니까 V-아/어 보세요

① 산에 가야 되다 / 구두를 신다 // 발이 아프다 / 운동화를 신다

② 영화를 보고 싶다 / 표가 있다 // 아마 표가 있다 / 인터넷으로 예약하다

③ 노트북을 사고 싶다 / 저 노트북이 비싸다 // 비싸다 / 다른 것을 찾아보다

④ ________________ / ________________

문법03

V-기 전에

한국에 오기 전에 그 친구를 만났어요.
손님들이 오기 전에 음식을 만들어야 해요.
저는 공부하기 전에 항상 커피를 마셔요.

연습 1

보기	가: 자기 전에 뭘 해야 돼요?
	나: 샤워를 해야 돼요.

V-기 전에 뭘 해야 돼요?	N을/를 V-아/어야 돼요
① 편지를 보내다	우표 / 붙이다
② 밥을 먹다	손 / 씻다
③ 지하철을 타다	지하철 표 / 사다
④ 생일 파티에 가다	케이크 / 사다
⑤ 공중 전화에서 전화를 걸다	동전을 넣다
⑥ 수업을 하다	교과서 / 준비하다
⑦ 친구를 만나다	전화 / 하다
⑧ 수영을 하다	준비 운동 / 하다
⑨ 시험을 보다	책 / 많이 읽다
⑩	

문법04

A/V-네요

3월인데 눈이 오네요.
공원에 사람이 참 많네요.
한국 음식이 정말 맛있네요.

✎ 쓰세요

기본형	A/V-네요	기본형	A/V-네요
예쁘다		복잡하다	
싸다		정확하다	
비싸다		많다	
맛있다		적다	
살다		울다	
만들다		아프다	
바쁘다		쉽다	
덥다		아름답다	
따뜻하다		똑똑하다	

바자회가 참 재미있겠네요!

문법01

A/V-겠-, A/V-았/었겠-, A/V-겠지요?

옷을 많이 입어서 따뜻하겠어요.
주말이니까 길이 복잡하겠지요?
하늘이 흐리네요. 오후에 비가 오겠어요.

 연습 1

보기	가: 제가 만든 음식인데, 한번 드셔 보세요. 나: 아주 맛있겠어요.

S	A/V-겠어요
① 내일 비가 많이 올 거예요.	날씨가 춥다
② 짧은 치마를 입었어요.	시원하다
③ 일이 너무 많아요.	힘들다
④ 다리를 다쳤어요.	아프다
⑤ 남자친구와 헤어졌어요.	슬프다
⑥ 좋은 침대를 샀어요.	편하다
⑦ 2년 동안 고향에 못 갔어요.	가족이 많이 보고 싶다
⑧ 친구가 1등을 했어요.	기쁘다
⑨ 한국어를 배운 지 일 년이 되었어요.	한국어를 잘하다
⑩	

보기	가: 어제 친구들과 놀았어요.
	나: 재미있었겠어요.

어제 A/V-았/었어요	A/V-았/었겠어요
① 친구들과 같이 운동을 하다	좋다
② 맛있는 음식을 먹다	맛있다
③ 일이 많다	힘들다
④ 시험을 보다	어렵다
⑤ 친구가 선물을 주다	기쁘다
⑥ 남자 친구와 공원에 놀러 가다	행복하다
⑦ 싫어하는 사람을 만나다	기분이 나쁘다
⑧ 영화를 보러 가다	일요일이라서 표 사기가 어렵다
⑨ 어제 생일이라서 친구들이 집에 오다	재미있다
⑩	

보기	가: 고향에는 눈이 오겠지요?
	나: 네, (아마) 올 거예요.

A/V-겠지요?	네, A/V-(으)ㄹ 거예요
① 거기는 춥다	춥다
② 왕훙 씨가 바쁘다	바쁘다
③ 수업을 시작하다	시작하다
④ 선생님께서 댁에 계시다	계시다
⑤ 묘묘 씨가 기숙사에서 자다	자다
⑥ 벤자민 씨가 고향에 도착했다	도착했다

A/V-겠지요?	네, A/V-(으)ㄹ 거예요
⑦ 숙제를 하고 있다	숙제를 하고 있다
⑧ 서윤 씨가 친구들과 놀고 있다	친구들과 놀다
⑨ 어머니께서 저녁을 준비하다	준비하다
⑩	

문법02

N마다

부모님께 날마다 전화해요.

사람마다 성격이 달라요.

아침마다 운동을 하면 건강해져요.

연습 1

보기	가: 아침마다 뭘 하세요?
	나: 아침마다 운동을 해요.

N마다 V-(으)세요?	N마다 V-아/어요
① 주말 / 어디에 가다	주말 / 극장에 영화를 보러 가다
② 수요일 / 무엇을 배우다	수요일 / 한국어를 배우다
③ 몇 주 / 학기가 시작하다	10주 / 학기가 시작하다
④ 몇 시간 / 약을 먹다	6시간 / 약을 먹다
⑤ 며칠 / 고향 집에 전화를 하다	일주일 / 고향 집에 전화를 하다
⑥	

문법03

V-기 시작하다

눈이 오기 시작하네요.

봄이 되면 꽃이 피기 시작해요.

언제부터 피아노를 치기 시작했어요?

연습 1

보기	가: 언제부터 한국어를 배우기 시작했어요?
	나: 일주일 전부터 한국어를 배우기 시작했어요.

언제부터 V-기 시작했어요?	N부터 V-기 시작했어요
① 영화를 보다	2시간 전 / 영화를 보다
② 울다	한 시간 전 / 울다
③ 기숙사에 살다	한 달 전 / 기숙사에 살다
④ 한국어를 배우다	일주일 전 / 한국어를 배우다
⑤ 중국어를 가르치다	3년 전 / 중국어를 가르치다
⑥ 일을 하다	2년 전 / 일을 하다
⑦ 운전을 하다	17살 / 운전을 하다
⑧ 요리를 하다	30분 전 / 요리를 하다
⑨ 숙제를 하다	15분 전 / 숙제를 하다
⑩	

제 **17** 과

이것이 잘 어울릴 것 같아요

문법01 ㅎ 불규칙

하늘이 아주 파랗습니다.
저는 술을 마시면 얼굴이 빨개져요.
어머니의 하얀 머리를 보고 마음이 아팠어요.

쓰세요

기본형	–(스)ㅂ니다	–아/어요	–았/었어요	–(으)ㄴ데	–아/어서
하얗다					
파랗다					
까맣다					

연습 1

보기
저는 하얀색 티셔츠를 입었어요.

A–(으)ㄴ 색	N을/를 입었어요
① 빨갛다	티셔츠
② 노랗다	운동화
③ 까맣다	바지
④ 하얗다	모자
⑤ 파랗다	셔츠

A-(으)ㄴ 색	N을/를 입었어요
⑥ 까맣다	치마
⑦ 노랗다	모자
⑧ 하얗다	운동화
⑨ 까맣다	구두
⑩	

연습 2

보기	가: 어떤 색 옷을 입고 있어요? 나: 파란색 티셔츠를 입고 있어요.

어떤 색 N을/를 V-고 있어요?	A-(으)ㄴ 색 N을/를 V-고 있어요
① 모자 / 쓰다	하얗다 / 모자 / 쓰다
② 바지 / 입다	까맣다 / 바지 / 입다
③ 치마 / 가지다	노랗다 / 치마 / 가지다
④ 운동화 / 신다	파랗다 / 운동화 / 신다
⑤ 바지 / 가지다	하얗다 / 바지 / 가지다
⑥ 구두 / 신다	까맣다 / 구두 / 신다
⑦ 볼펜 / 가지다	노랗다 / 볼펜 / 가지다
⑧	

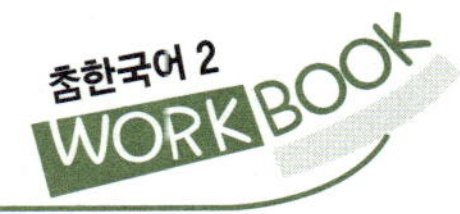

문법02   N이/가 N에(게) 잘 어울리다, N이/가 N에(게) 맞다, N이/가 N와/과 어울리다

이것이 손님에게 잘 어울려요.

이 등산화가 제 발에 잘 맞아요.

무슨 색 꽃이 웨딩드레스와 어울릴까요?

 연습 1

보기	가: 이 옷이 어때요? 나: 옷이 제니 씨에게 잘 어울려요.

N이/가 어때요?	N이/가 N에게 잘 어울려요
① 이 구두	이 구두, 히엔
② 블라우스	블라우스, 제니
③ 원피스	원피스, 묘묘
④ 모자	모자, 왕훙
⑤ 스웨터	스웨터, 마리코
⑥ 양복	양복, 율리아
⑦ 청바지와 흰 티셔츠	청바지와 흰 티셔츠, 테츠야
⑧ 까만색 옷과 가방	까만색 옷과 가방, 다니엘
⑨ 파란색 치마와 스카프	파란색 치마와 스카프, 흐엉
⑩	

V-아/어 있다

저 의자에 앉아 있는 사람이 누구예요?
지하철에서 서 있어서 다리가 아파요.
너무 피곤해서 한 시간 동안 누워 있었어요.

연습 1

보기
소파 위에 누워 있는 사람은 제 언니예요.

N에 V-아/어 있는	N은/는 N이에요[예요]
① 의자 / 앉다	사람 / 제 동생
② 책상 위 / 놓이다	책 / 한국어 책
③ 침대 / 눕다	아이 / 조카
④ 시계 옆 / 걸리다	것 / 게시판
⑤ 옷걸이 / 걸리다	옷 / 파란색 셔츠
⑥ 침대 / 눕다	분 / 우리 할머니
⑦ 벽 / 걸리다	액자 / 친구에게 선물 받은 것
⑧ 주머니 / 들다	돈 / 5000짜리
⑨ 창문 옆 / 서다	학생 / 다니엘
⑩	

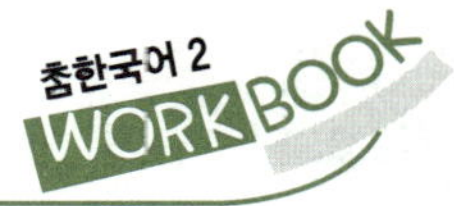

연습 2

| 보기 | 가: 어떤 색 옷이 걸려 있어요?
나: 파란색 티셔츠가 걸려 있어요. |

어떤 색 N이/가 V-아/어 있어요?	A-(으)ㄴ 색 N이/가 V-아/어 있어요
① 모자 / 걸리다	빨갛다 / 모자 / 걸리다
② 볼펜 / 놓이다	까맣다 / 볼펜 / 놓이다
③ 치마를 입은 사람 / 앉다	노랗다 / 치마를 입은 사람 / 앉다
④ 운동화를 신은 사람 / 서다	파랗다 / 운동화를 신은 사람 / 서다
⑤ 공책 / 놓이다	하얗다 / 공책 / 놓이다
⑥ 볼펜 / 놓이다	까맣다 / 볼펜 / 놓이다
⑦ 셔츠 / 걸리다	파랗다 / 셔츠 / 걸리다
⑧	

문법04

N밖에 안[못] V-없다

돈이 만 원밖에 없어요.
친구들이 두 명밖에 안 왔어요.
시험 공부를 한 시간밖에 못 했어요

연습 1

N이/가	N밖에 없어요
① 돈	백 원
② 시간	조금
③ 돈	이것
④ 학생	두 명
⑤ 선생님	한 분
⑥	

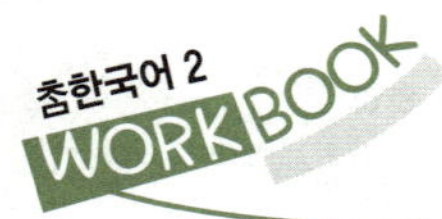

연습 2

	N밖에	안 V-았/었어요
① 집에서 학교까지	10분	걸리다
② 시험 시간이	5분	남다
③ 학생이	2명	오다
④ 숙제를	조금	하다
⑤ 돈을	조금	모으다
⑥		

연습 3

N을/를	N밖에	못 V-았/었어요
① 한국말	조금	하다
② 숙제	이것	하다
③ 잠	두 시간	자다
④ 공부	30분	하다
⑤ 돈	5만 원	빌려주다
⑥		

연습 4

N은/는	N을/를	N밖에 몰라요
① 저	한국말	안녕하세요
② 저	영어	조금
③ 저	한국 영화	이것
④ 저	한국 노래	하나
⑤		

문법01

V-(으)ㄴ N

지난주에 배운 문법이 아주 어려웠어요.
주말에 본 영화 제목이 뭐였지요?
친구한테서 받은 선물을 잃어버렸어요.

쓰세요

기본형	V-(으)ㄴ N	기본형	V-(으)ㄴ N
먹다		살다	
마시다		만들다	
다니다		듣다	
공부하다		쓰다	
만나다		모르다	
좋아하다		가르치다	
배우다		출발하다	

보기	가: 어제 무슨 음식을 만드셨어요? 나: 어제 만든 음식은 설렁탕이에요.

S	V-(으)ㄴ N은/는 N이에요[예요]
① 어제 누구를 만나셨어요?	어제 만나다 / 사람 / 마이클 씨
② 어제 무엇을 드셨어요?	어제 먹다 / 음식 / 비빔밥
③ 어제 무슨 음악을 들으셨어요?	어제 듣다 / 음악 / 중국 음악
④ 어제 누구와 같이 영화를 보셨어요?	어제 같이 영화를 보다 / 사람/ 언니
⑤ 어제 무엇을 가르치셨어요?	어제 가르치다 / 것 / 영어
⑥ 작년에 어디에 사셨어요?	작년에 살다 / 곳 / 사당동
⑦ 작년에 어디에서 공부하셨어요?	작년에 공부하다 / 곳 / 한국어학당
⑧ 어제 무슨 옷을 사셨어요?	어제 사다 / 옷 / 티셔츠
⑨ 어제 무슨 책을 읽으셨어요?	어제 읽다 / 책 / 한국 소설책
⑩	

문법02

A-아/어 보이다

좀 피곤해 보이네요.
영화가 재미있어 보여요.
기분이 안 좋아 보여요. 무슨 일 있으세요?

쓰세요

기본형	A-아/어 보여요
① 기분이 좋다	기분이 좋아 보여요
② 재미있다	

기본형	A-아/어 보여요
③ 착하다	
④ 좋다	
⑤ 피곤하다	
⑥ 예쁘다	
⑦ 아프다	
⑧ 크다	
⑨ 작다	
⑩ 날씬하다	

연습 1

N이/가	A-아/어 보이네요
① 다니엘 씨의 기분	좋다
② 이 음식	맛있다 / 맛없다
③ 그 영화	무섭다
④ 동생	귀엽다 / 착하다 / 똑똑하다
⑤ 구두	편하다 / 불편하다
⑥ 외국어 책	어렵다 / 쉽다
⑦ 영화	재미있다 / 재미없다
⑧ 왕홍 씨	기분이 나쁘다
⑨ 배우	멋있다
⑩	

연습 2

A/V-아/어 보이네요	A/V-아/어서 그래요
① 뚱뚱하다	옷을 많이 입다
② 아프다	감기에 걸리다
③ 기분이 좋다	시험을 잘 보다
④ 예쁘다	화장을 하다
⑤ 힘들다	요즘 일을 많이 하다
⑥ 졸리다	어제 늦게 자다
⑦ 피곤하다	공부를 많이 하다
⑧ 날씬하다	요즘 다이어트를 하다
⑨ 덥다	뛰어 오다
⑩	

문법01

N 대신(에)

커피 대신에 주스를 마실래요.
저 대신에 찻값을 내 주세요.
어머니 대신 제가 시장에 갔어요.

연습 1

N 대신(에)	N을/를 V-(으)면 돼요
① 밥	빵과 우유, 먹다
② 저	운전, 하다
③ 소금	간장, 국에 넣다
④ 여권	외국인 등록증, 보여 주다
⑤ 현금	카드, 내다
⑥ 커피	차, 마시다
⑦ 주소	연락처, 알려 주다

| 보기 | 가: 저 대신 좀 주소를 써 주실래요? 펜이 없어서 그래요. |
| | 나: 네, 제가 대신 써 드릴게요. |

저 대신 좀 N을/를 V-아/어 주실래요?	A/V-아/어서 그래요	네, 제가 대신 V-아/어 드릴게요
① 전화 / 하다	한국말을 잘 모르다	전화하다
② 운전 / 하다	왼손을 다치다	운전하다
③ 요리 / 하다	좀 바쁘다	요리하다
④ 청소하다	너무 피곤하다	청소하다
⑤ 차비 / 내다	잔돈이 없다	차비를 내다
⑥ 영화표 / 예매하다	컴퓨터가 고장나다	예매하다
⑦ 한국 음식 / 만들다	어떻게 만드는지 모르다	만들다
⑧ 사무실에 가다	화장실에 가고 싶다	가다
⑨ 책 / 빌리다	학생증이 없다	빌리다
⑩		

문법02

V-(으)ㄴ 지 N이/가 되다

한국에 온 지 여섯 달이 됐어요.
우리가 만난 지 4년이 되었어요.
이 집에서 산 지 일 년이 되었네요.

연습 1

| 보기 | 가: 한국에 온 지 얼마나 되셨어요? |
| | 나: 한국에 온 지 벌써 일 년이 됐어요. |

V-(으)ㄴ 지	N이/가 됐어요
① 한국어를 공부하다	3개월
② 한국어를 배우다	1년
③ 영어를 가르치다	2개월
④ 그 사람과 사귀다	반 년
⑤ 식사를 하다	세 시간
⑥ 그 이야기를 하다	한 시간
⑦ 음악을 듣다	삼십 분
⑧ 지하철이 출발하다	5분
⑨ 혼자 살다	삼 년
⑩	

연습 2

보기	가: 한국에 온 지 얼마나 되셨어요?
	나: 한국에 온 지 벌써 일 년이 됐어요.

V-(으)ㄴ 지 얼마나 되셨어요?	V-(으)ㄴ 지 얼마나 N이/가 됐어요.
① 한국에 오다	한국에 오다 / 6개월
② 한국어를 배우다	한국어를 배우다 / 3개월
③ 영어를 가르치다	영어를 가르치다 / 2개월
④ 그 사람과 사귀다	그 사람과 사귀다 / 반 년
⑤ 식사를 하다	식사를 하다 / 세 시간
⑥ 그 이야기를 하다	그 이야기를 하다 / 한 시간
⑦ 음악을 듣다	음악을 듣다 / 삼십 분
⑧ 지하철이 출발하다	지하철이 출발하다 / 5분
⑨ 혼자 살다	혼자 살다 / 닷새
⑩	

문법03 　N처럼 A/V

제니 씨는 천사처럼 착해요.
벤자민 씨는 아버지처럼 키가 커요.
어머니는 요리사처럼 요리를 잘해요.

연습 1

| 보기 | 가: 동생이 잘생겼어요?
나: 네, 제 동생은 영화배우처럼 잘생겼어요. |

A/V-아/어요?	네, N은/는 N처럼 A/V-아/어요
① 제니 씨가 예쁘다	제니 씨 / 영화배우 / 예쁘다
② 다니엘 씨가 노래를 잘하다	다니엘 씨/ 가수 / 노래를 잘하다
③ 동생이 축구를 잘하다	동생 / 축구선수 / 축구를 잘하다
④ 김 선생님이 정확하다	김 선생님 / 시계 / 정확하다
⑤ 그 여자가 아름답다	그 여자 /꽃 / 아름답다
⑥ 아버지가 무섭다	아버지 / 호랑이 / 무섭다
⑦ 그 아이가 착하다	아이 / 토끼 / 착하다
⑧ 지훈 씨가 게으르다	지훈 씨 / 곰 / 게으르다
⑨	

문법01

V-다가

어제 학교에 가다가 친구를 만났어요.
숙제를 하다가 친구를 만나러 갔어요.
지하철을 타고 가다가 버스를 타야 돼요.

 **연습 1**

보기
영화를 보다가 울었어요.

V-다가	V-았/었어요
① 학교에 가다	교수님을 만나다
② 영화를 보다	울다
③ 책을 읽다	웃다
④ 밥을 먹다	친구에게서 전화를 받다
⑤ 책을 읽다	자다
⑥ 서울에 살다	부산으로 이사를 가다
⑦ 아침에는 비가 오다	낮에는 안 오다
⑧ 학교에 가다	친구를 만나서 같이 가다
⑨ 그림을 그리다	화장실에 가다
⑩	

보기	똑바로 가다가 왼쪽으로 돌아가세요.

V-다가	V-(으)세요
① 오른쪽으로 가다	육교를 건너가다
② 쭉 가다	왼쪽으로 가다
③ 왼쪽으로 가다	오른쪽으로 돌아가다
④ 곧장 가다	길을 건너가다
⑤ 오른쪽으로 가다	육교를 건너가다
⑥ 한참 올라가다	지하도를 건너다
⑦ 똑바로 가다	오른쪽으로 가서 10분쯤 걸어가다
⑧ 10분쯤 걸어가다	오른쪽으로 돌아가다
⑨ 15분쯤 걸어가다	횡단보도를 건너다
⑩	

문법 02

N이/가 보이다

여기에서 산이 보여요.

창밖을 보면 꽃이 보여요.

지하도에서 올라오면 은행이 보일 거예요.

연습 1

| 보기 |

똑바로 걸어가면 백화점이 보여요.

V-(으)면	N이/가 보여요
① 육교를 건너가다	한국어학당
② 쭉 가다	병원
③ 왼쪽으로 가다	우체국
④ 곧장 가다	부동산
⑤ 횡단보도를 건너다	지하철역
⑥ 한참 올라가다	서울 시내
⑦ 똑바로 가다	영화관
⑧	

N이어서/여서

아파트여서 찾기 쉬워요.
방학이어서 학교에 사람이 없어요.
쉬는 시간이어서 교실 밖이 시끄러워요.

 연습 1

보기
아파트여서 쉽게 찾았어요.

N이어서[여서]	A/V-아/어요
① 반장	선생님 일을 돕다
② 처음 간 곳	길을 잘 모르다
③ 수업시간	전화를 받으면 안 되다
④ 방학	여행을 가다
⑤ 지하철역	시끄럽다
⑥ 재미있는 영화	사람들이 많이 보다
⑦ 어려운 책	읽기가 힘들다
⑧ 시험 기간	공부하는 사람이 많다
⑨ 주말	시내가 복잡하다
⑩	

제21과 미역국을 끓이려고 준비하고 있어요

문법01

V-아/어도 되다[괜찮다], V-(으)면 안되다

지금 나가도 괜찮습니다.
선생님, 화장실에 가도 돼요?
교실에서 음식을 먹으면 안돼요.

쓰세요

기본형	V-아/어도 돼요	기본형	V-(으)면 안돼요
가다		가다	
하다		하다	
읽다		읽다	
눕다		눕다	
빌리다		빌리다	
만들다		만들다	
세우다		세우다	
돌아가다		돌아가다	
노래하다		노래하다	

연습 1

V-아/어도 돼요? [괜찮아요?]	네, V-아/어도 돼요 [괜찮아요]
이 책을 읽다	
이곳에서 낚시를 하다	
그 사람을 만나다	
여기에서 음식을 먹다	
오늘 늦게 들어가다	
여기에서 사진을 찍다	
내일 등록금을 내다	
1시간 후에 전화를 하다	

연습 2

보기	가: 수업 시간에 나가도 돼요? 나: 네, 나가도 돼요. // 아니요, 나가면 안돼요.

A/V-아/어도 돼요?	네, A/V-아/어도 돼요	아니요, A/V-(으)면 안돼요
① 여기에서 사진을 찍다		
② 교실에서 떠들다		
③ 여기에서 음식을 먹다		
④ 지금 화장실에 가다		
⑤ 일이 있는데 먼저 가다		
⑥ 내일 소포를 보내다		
⑦ 이 사전 좀 빌리다		
⑧ 이 컴퓨터를 사용하다		
⑨ 잠깐 질문을 하다		
⑩		

문법 02 A/V-(으)ㄹ 텐데

시험이 어려울 텐데 같이 공부할까요?
김치가 매울 텐데 물을 마시면서 드세요.
날씨가 아주 추울 텐데 옷을 많이 입으세요.

연습 1

A/V-(으)ㄹ 텐데	V-(으)세요
① 비가 오다	우산을 가져가다
② 한국어 시험이 어렵다	공부를 열심히 하다
③ 날씨가 춥다	두꺼운 옷을 입다
④ 음식이 맵다	물을 마시다
⑤ 피곤하다	쉬다
⑥ 일이 많으시다	쉬면서 하다
⑦ 머리가 아프시다	약을 먹다
⑧ 집 찾기가 어렵다	전화를 해 보다
⑨ 길이 복잡하다	지하철을 타다
⑩	

연습 2

A/V-(으)ㄹ 텐데	V-지 마세요
① 비가 많이 오다	밖에 나가다
② 비행기 표가 비싸다	지금 사다
③ 날씨가 춥다	밖에서 놀다

A/V-(으)ㄹ 텐데	V-지 마세요
④ 음식이 아주 맵다	많이 먹다
⑤ 피곤하다	청소하다
⑥ 택시 잡기가 힘들다	기다리다
⑦ 머리가 아프다	컴퓨터를 하다
⑧ 많이 힘들다	늦게까지 공부하다
⑨ 길이 복잡하다	자동차를 가지고 가다
⑩	

연습 3

A/V-(으)ㄹ 텐데	A/V-아/어서	A/V-(으)ㄹ 것 같아요
① 시험이 어렵다	공부를 안 하다	떨어지다
② 외출해야 하다	날씨가 너무 춥다	못 나가다
③ 대학교에 가야 하다	한국말을 잘 못 하다	입학하기 힘들다
④ 친구들이 놀러 오다	요리를 잘 못 하다	잘 못 만들다
⑤ 내일 시험을 봐야 하다	준비를 못 하다	잘 못 보다
⑥ 수영장에 가야 하다	수영을 못 하다	잘 못 놀다
⑦ 생일파티에 가야 되다	바쁘다	선물 준비를 못 하다
⑧ 곧 친구들이 오다	집에 라면 밖에 없다	시장에 다녀오다
⑨ 이사를 해야 하다	시간이 없다	집을 빨리 못 구하다
⑩		

문법 03

N에게 N을/를 갖다 주다[갖다 드리다]

빨리 갖다 드리겠습니다.

선생님께 숙제를 갖다 드렸어요.

친구에게 책을 갖다 주려고 갔어요.

연습 1

| 보기 | 언니가 우유를 동생에게 갖다 주었어요.

N이/가	N을/를	N에[에게] 갖다 주었어요
① 왕홍 씨	한국어 책	저
② 다니엘	신문	에리나 씨
③ 히엔 씨	베트남 음식	우리반 친구들

| 보기 | 동생이 신문을 어머니께 갖다 드렸어요.

N이/가	N을/를	N께 갖다 드렸어요
① 저	휴대 전화	아버지
② 벤자민	숙제	선생님
③ 지훈 씨	생일 케이크	제니 씨

| 보기 | 어머니께서 빵을 저에게 갖다 주셨어요.

N께서	N을/를	N에게 갖다 주셨어요
① 아버지	책	동생
② 할머니	케이크	저
③ 선생님	한국 음식	우리

문법01

A/V–(으)ㄹ 때, N 때

스트레스를 받을 때 뭘 하세요?
몸이 아플 때 부모님이 가장 보고 싶어요.
여름 방학 때 같이 바다에 놀러 갈래요?

연습 1

S	A/V–(으)ㄹ 때
날씨가 따뜻하다	
기분이 좋다	
스트레스를 받다	
외롭다	
음악을 듣다	
영화를 보다	
친구하고 싸우다	
비가 오다	
일이 많다	
기분이 나쁘다	
울고 싶다	

연습 2

| 보기 |

기분이 나쁠 때 노래방에 가요.

A/V-(으)ㄹ 때	V-고 싶어요
① 스트레스를 받다	맛있는 음식을 먹다
② 날씨가 춥다	커피숍에서 커피를 마시다
③ 비가 오다	집에서 쉬다
④ 몸이 아프다	집에 가고 싶다
⑤ 기분이 나쁘다	큰 소리로 노래를 부르다
⑥ 친구와 싸우다	울다
⑦ 일이 많다	잠을 자다
⑧ 영화를 보다	팝콘과 콜라를 먹다
⑨ 집에 혼자 있다	친구와 통화하다
⑩	

연습 3

| 보기 |

가: 어떨 때 속상해요?

나: 부모님께서 아프실 때 속상해요.

어떨 때 A/V-아/어요?	A/V-(으)ㄹ 때 A/V-아/어요
① 머리가 아프다	숙제가 많다 / 머리가 아프다
② 창피하다	길에서 넘어지다 / 창피하다
③ 기분이 좋다	시험을 잘 보다 / 기분이 좋다
④ 슬프다	친구와 싸우다 / 슬프다
⑤ 기분이 나쁘다	일이 잘 안 되다 / 기분이 나쁘다

어떨 때 A/V-아/어요?	A/V-(으)ㄹ 때 A/V-아/어요
⑥ 노래를 하다	스트레스를 받다 / 노래를 하다
⑦ 울고 싶다	애인과 싸우다 / 울고 싶다
⑧ 힘들다	일이 많다 / 힘들다
⑨ 외롭다	혼자 있다 / 외롭다
⑩	

문법02

(훨씬) 더[덜] A/V

약을 먹으니까 배가 덜 아프네요.
주말에는 여기가 훨씬 덜 복잡합니다.
날씨가 좋아서 보통 때보다 사람들이 더 많이 왔어요.

연습 1

보기	가: 오늘 날씨가 어때요?
	나: 어제보다 덜 추운 것 같아요.

N이/가 N보다	덜 A/V-아/어요
① 오늘 날씨 / 어제 날씨	덥다
② 다니엘 씨 / 왕홍 씨	키가 크다
③ 이번 주 / 지난주	바쁘다
④ 기말 시험 / 중간 시험	어렵다
⑤ 택시 / 지하철	시간이 걸리다
⑥ 이번 달 / 지난달	휴대폰 요금을 내다
⑦	

연습 2

| 보기 | 가: 오늘 날씨가 춥지 않아요?
나: 네, 어제보다 훨씬 더 추운 것 같아요. |

A/V-지 않아요?	네, 훨씬 더[덜] A/V-아/어요
① 지훈 씨가 노래를 잘 하다	지훈 씨 〉 제니 씨
② 왕홍 씨가 술을 많이 마시다	왕홍 씨 〈 다니엘 씨
③ 오늘 춥다	오늘 〈 어제
④ 한국 영화가 재미있다	한국 영화 〉 외국 영화
⑤ 쓰기가 어렵다	쓰기 〈 듣기
⑥ 버스가 빠르다	버스 〈 지하철
⑦ 벤자민 씨가 키가 크다	벤자민 〈 히엔
⑧ 김치찌개가 맵다	김치찌개 〉 비빔밥
⑨ 백화점 옷이 비싸다	백화점 〉 인터넷 쇼핑몰
⑩ 운동화가 편하다	운동화 〉 구두

문법 03

V-아/어 버리다

지하철에서 지갑을 잃어버렸어요.
돈을 다 써 버려서 쇼핑할 수 없어요.
친구가 늦게 와서 제가 청소해 버렸어요.

 연습 1

보기	가: 왜 선물을 못 샀어요?
	나: 돈을 다 써 버려서 못 샀어요.

왜 V-았/었어요?	V-아/어 버려서 N을/를 못 V-았/었어요
① 친구를 못 만나다	약속을 잊다 / 친구 / 만나다
② 고향에 안 가다	기차를 놓치다 / 고향 / 가다
③ 빵을 안 먹다	동생이 다 먹다 / 저녁 / 먹다
④ 쇼핑 안 하다	돈을 다 쓰다 / 쇼핑 / 하다
⑤ 비자 신청 안 하다	여권을 잃다 / 신청 / 하다
⑥ 영화표를 안 사다	벌써 예매가 끝나다 / 표 / 사다
⑦	

문법01

A/V–(으)ㄹ지 모르겠다

그 음식이 맛있을지 모르겠어요.
치마가 이 티셔츠에 어울리지 모르겠어요.
흐엉 씨가 같이 여행 갈 수 있을지 모르겠어요.

연습 1

N이/가	A/V–(으)ㄹ 지 모르겠어요
① 사진	필요하다
② 날씨	좋다
③ 마이클 씨	다음 주에 고향으로 돌아가다
④ 그 영화	재미있다
⑤ 시간	있다
⑥ 비행기	떠날 수 있다
⑦ 제가 만든 음식	맛있다
⑧ 부모님	제가 보낸 편지를 읽으시다
⑨ 다니엘	내일 시험을 잘 볼 수 있다
⑩	

보기	가: 내일 등산할 수 있을까요?
	나: 눈이 많이 와서 할 수 있을지 모르겠어요.

V-(으)ㄹ까요?	A/V-(으)ㄹ 지 모르겠어요
① 에리나 씨가 학교에 오다	감기에 걸리다, 학교에 올 수 있다
② 내일 여행을 가다	날씨가 안 좋다, 괜찮다
③ 도서관에서 공부하다	학생들이 너무 많다, 공부할 수 있다
④ 우리가 갈 수 있다	처음 가는 길, 찾을 수 있다
⑤ 히엔 씨에게 전화하다	일하고 있다, 전화를 받다
⑥ 여기에서 사진 찍다	조금 어둡다, 찍을 수 있다
⑦ 택시를 잡을 수 있다	사람도 많고 길이 막히다, 잡을 수 있다
⑧	

문법01

V-기로 하다

새벽마다 운동을 하기로 합시다.
오늘부터 공부를 열심히 하기로 했어요.
우리 다음 주에 만나기로 하는 게 어때요?

연습 1

A/V–(으)니까, N(이)니까	V–기로 했어요
① 건강이 나빠지다	담배를 끊다
② 내년에 대학교에 들어가야 하다	토픽 시험 준비를 하다
③ 스트레스가 많다	친구와 함께 노래방에 가다
④ 친구의 생일이다	저녁에 만나다
⑤ 감기에 걸리다	오늘은 쉬다
⑥ 부모님이 걱정하시다	집에 일찍 들어가다
⑦ 내일 친구가 이사하다	도와주다
⑧ 다음 주부터 방학이다	가족과 제주도로 여행 가다
⑨	

연습 2

V–(으)ㄹ 거예요?	V–기로 했어요
① 언제 저녁 식사를 하다	7시에 저녁 식사를 하다
② 어디에서 한국어를 배우다	한국어학당에서 배우다
③ 누구를 만나다	왕홍 씨를 만나다
④ 무엇을 먹다	비빔밥을 먹다
⑤ 친구를 만나서 무엇을 하다	같이 숙제를 하고 나서 농구를 하다
⑥ 졸업을 하고 나서 무엇을 하다	한국에서 러시아어를 가르치다
⑦ 오후에 어디에 가다	영화관에 가서 영화를 보다
⑧ 생일에 무엇을 하다	친구들과 같이 놀다
⑨ 무슨 책을 읽다	한국어 책을 읽다
⑩	

문법01

V-는 것을 보다

비 오는 것을 보고 있어요.
아이들이 게임하는 것을 봤어요.
친구가 춤을 잘 추는 것을 보니까 저도 배우고 싶어요.

연습 1

N에	N에서	V-는 것을 봤어요
① 일주일 전	텔레비전	축구를 하다
② 오후	운동장	아이들이 놀다
③ 2시간 전	식당	다니엘 씨가 밥을 먹다
④ 이틀 전	공항	왕홍 씨가 고향에 가다
⑤ 그저께	공원	에리나 씨가 운동하다
⑥ 어제	기숙사	히엔 씨가 요리하다
⑦ 일주일 전	드라마	에리나 씨가 나오다
⑧ 10분 전	교실	벤자민 노래를 부르다
⑨ 오늘 아침	기숙사	지훈 씨가 자다
⑩		

연습 2

N에	N에서	V-는 것을 보았는데	A-아/어 보였어요
① 어제	학교 식당	지훈 씨가 비빔밥을 먹다	맛있다
② 어제	명동	마이클 씨가 여자 친구와 걸어가다	기분이 좋다
③ 30분 전에	교실	벤자민 씨가 시험 공부를 하다	피곤하다
④ 이틀 전	기숙사	히엔 씨가 한국 음식을 만들다	재미있다
⑤ 어제	방	에리나 씨가 남자친구와 싸우다	슬프다
⑥ 지난 주	운동장	왕홍 씨가 축구를 하다	즐겁다
⑦			

문법02

N같이 A/V

동생은 강아지같이 귀여워요.
그녀의 얼굴은 눈같이 하얘요.
우리 아버지는 요리사같이 잘 하세요.

연습 1

N은/는	N같이	A/V-아/어요
① 제 동생	토끼	귀엽다
② 아버지	호랑이	무섭다
③ 언니	천사	예쁘다
④ 테츠야 씨	영화배우	멋있다
⑤ 제 오빠	곰	게으르다
⑥ 왕홍 씨	가수	노래를 잘 하다
⑦		

N(이)나

저녁에 산책이나 하려고 해요.
시간이 있으면 커피숍이나 갑시다.
오후에 영화나 보러 가는 게 어때요?

연습 1

보기	가: 오후에 뭘 하실 거예요?
	나: 피곤한데, 집에서 잠이나 잘래요.

N에 뭘 하실 거예요?	A/V-(으)ㄴ/는데	N(이)나 V-(으)ㄹ래요
① 오후	피곤하다	잠 / 자다
② 주말	할 일, 없다	인터넷 쇼핑 / 하다
③ 내일	숙제, 많다	집에서 숙제 / 하다
④ 저녁	심심하다	극장 / 가다
⑤ 내일	약속이 없다	서점 / 가다
⑥ 토요일	특별한 일 / 없다	친구 기숙사 / 가다
⑦		

문법04

A/V-았/었군요

세탁기가 고장 났군요.
아이들이 소풍을 왔군요.
차가 많아서 길이 복잡했군요.

연습 1

	V-는군요	V-았/었군요	V-(으)셨군요
비가 오다			
한국어를 배우다			
음악을 듣다			
만들다			
알다			
살다			

연습 2

보기	작년에는 이 옷이 쌌군요.

S	A/V-았/었군요
① 이 사진 좀 보세요.	정말 예쁘다
② 밖을 좀 보세요.	눈이 많이 오다
③ 이것 좀 보세요.	시험을 잘 보다
④ 고향 친구가 서울에 왔어요.	친구를 만나다
⑤ 어제 코미디 영화를 봤어요.	재미있다
⑥ 어제 밤 10시까지 공부했어요.	시험이 있다
⑦ 쇼핑을 해서 기분이 좋았어요.	쇼핑하다
⑧ 지훈 씨와 영화도 보고 밥도 먹었어요.	데이트하다
⑨	

문법01

V-기를 좋아하다[싫어하다]

요리 만들기를 좋아해요.
제 동생은 영어 공부하기를 싫어해요.
다니엘 씨는 저녁에 운동하기를 좋아해요.

연습 1

| 보기 | 가: 음식 만들기를 좋아하세요? |
| | 나: 만들기는 하지만 좀 어려워요. |

V-기를 좋아하세요?	V-기는 하지만 V-아/어요
① 극장, 영화를 보다	영화를 보다, 자주 못 가다
② 주말, 운동하다	운동하다, 매주 못 하다
③ 한국 음식, 만들다	만들다, 시간이 없어서 가끔 만들다
④ 한국어로 소설책 읽다	읽다, 아직 2단계라서 어렵다
⑤ 저녁, 야경 보다	야경 보다, 혼자 보기 싫어하다
⑥ 해외여행, 하다	하다, 자주 갈 수 없다
⑦ 산책하다	산책하다, 요즘 날씨가 더워서 못 하다
⑧ 백화점, 쇼핑하다	쇼핑하다, 옷이 비싸서 자주 못 하다
⑨	

연습 2　이야기하세요.

왕　홍: 뭘 제일 좋아하세요? 에리나: 영화 보기를 가장 좋아해요.	가: 뭘 제일 좋아하세요? 　　뭘 제일 싫어하세요? 나: V-기를 가장 좋아하다[싫어하다]

전화를 하다	기타를 치다	축구를 하다	스키를 타다	골프를 치다
잠을 자다	컴퓨터를 하다	게임을 하다	산책을 하다	춤을 추다
영화를 보다	외국어를 배우다	음식을 만들다	노래를 하다	백화점을 구경하다
낚시를 하다	공부를 하다	책을 읽다	편지를 쓰다	물건을 사다
운동을 하다	피아노를 치다	신문을 읽다	운동을 하다	음악을 듣다

'ㅅ' 불규칙

어떤 신발이 더 나아요?
이 건물은 지은 지 10년이 되었어요.
할아버지께서 제 이름을 지어 주셨어요.

연습 1

기본형	-아/어요	-아/어서	-(으)니까	-(으)ㄹ 거예요	-ㄴ/는데
짓다					
붓다					
낫다					
웃다					
벗다					

연습 2

짓다

① 작년부터 이 아파트를 (　　　　　)기 시작했습니다.

② 여기에 큰 건물을 (　　　　　)려고 합니다.

③ 10년 전에 (　　　　　) 집을 샀는데 마음에 들어요.

④ 제 이름은 할아버지께서 (　　　　　　　)

⑤ 나중에 결혼하면 아기 이름을 (　　　　)(으)로 (　　　)고 싶어요.

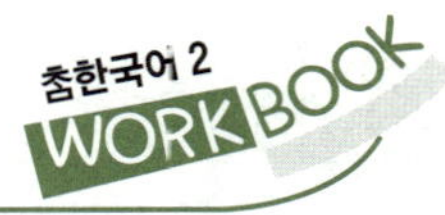

낫다

① 파란색 가방보다 빨간색 가방이 훨씬 더 (   ) 것 같아요.

② 산에 갈 때는 구두보다 운동화를 신는 것이 더 (   )요.

③ 비가 오면 쇼핑하는 것보다 집에 있는 것이 (   )니까 나가지 말아요.

④ 가: 히엔 씨, 어느 옷이 더 (   )?

　나: 둘 다 좋지만, 바지보다 치마가 더 (   )데요.

⑤ 배가 아플 때 커피를 마시는 것보다 따뜻한 차를 마시는 게 더 (   ).

문법03

A/V-(으)면 큰일이다, A/V-(으)면 큰일 나다

비행기 표가 없으면 큰일이에요.
시험을 못 보면 큰일이에요.
내일 여행을 가야 하는데 비가 오면 큰일이에요.

 연습 1

보기	가: 왜 이렇게 서두르세요?
	나: 오후 2시 비행기를 못 타면 큰일이에요.

A/V-(으)ㄴ/는데	A/V-(으)면 큰일이에요
① 버스를 타야 하다	놓치다
② 친구를 만나다	늦다
③ 돈을 바꾸다	은행이 문을 닫다
④ 일찍 학교에 가다	늦게 일어나다
⑤ 친구 생일파티에 가야 하다	집을 못 찾다
⑥ 고향에 가야 하다	비행기 표를 사지 못 하다
⑦	

문법01 · · A-다고 하다, V-ㄴ/는다고 하다, A/V-았/었다고 하다, N(이)라고 하다

제주도가 아주 아름답다고 해요.

이번 주에 선생님을 만난다고 해요.

그 소식을 신문 기사에서 읽었다고 해요.

흐엉 씨 생일이 내일이라고 했어요.

연습 1

보기	사람들이 그 식당 음식이 "맛있어요." 라고 해요. → 사람들이 그 식당 음식이 맛있다고 해요.

A-아/어요	A-다고 해요
① "시험이 어려워요"	
② "요즘 날씨가 추워요."	
③ "저 영화가 무서워요."	
④ "이 옷이 저 옷보다 더 비싸요."	
⑤	

 연습 2

┃보기┃	다니엘: "숙제가 없어요."
	➡ 다니엘 씨가 숙제가 없다고 했어요.

A-아/어요	A-다고 했어요
① "너무 바빠서 친구를 만날 수 없어요."	
② "지훈 씨 친구는 정말 예뻐요."	
③ "오늘은 많이 바빠요."	
④ "날씨가 추워요."	
⑤	

연습 3

┃보기┃	제니: "어제는 날씨가 추웠어요."
	➡ 제니 씨가 어제는 날씨가 추웠다고 했어요.

A-아/어요	A-았/었다고 했어요
① "어제는 일이 많았어요"	
② "지난주에 일이 많아서 바빴어요."	
③ "영화가 너무 무서웠어요."	
④ "음식이 맛이 없었어요."	
⑤	

연습 4

| 보기 | “오늘은 공휴일이에요.” 라고 (말)했어요.
➡ 오늘은 공휴일이라고 (말)했어요. |

N이에요[예요]	N(이)라고 했어요
① “연필이에요.” 라고 말했어요.	
② “한국 사람이에요.” 라고 말했어요.	
③ “숙제는 30과예요.” 라고 말했어요.	
④ “맛있는 음식이에요.” 라고 했어요.	
⑤	

문법02

A-(으)냐고 하다, V-느냐고 하다

어머니께서 한국이 많이 더우냐고 했어요.
테츠야 씨가 기분이 어떠냐고 했어요.
제니 씨가 부산 갈 때 어떻게 가느냐고 했어요.

연습 1

| 보기 | 다니엘: “마이클 씨 키가 커요?”
➡ 다니엘 씨가 마이클 씨 키가 크냐고 했어요. |

A-아/어요	A-(으)냐고 했어요
① 선생님: “고향이 많이 추워요?”	
② 제 인: “무슨 영화를 보고 싶어요?”	
③ 흐 영: “서울 생활이 어때요?”	
④ 왕 홍: “어디가 아파요?”	
⑤ 벤자민: “이 음식 맛있어요?”	

보기	다니엘: "숙제 다 했어요?" → 다니엘 씨가 숙제를 다 했느냐고 했어요.

V-아/어요	V-느냐고 했어요
① 에리나: "지금 학교에 가요?"	
② 제 인: "무엇을 먹고 있어요?"	
③ 흐 엉: "주말에 뭐 했어요?"	
④ 왕 훙: "어디에 살아요?"	
⑤ 지 훈: " 어떤 음악을 들어요?"	

보기	다니엘: "숙제 다 했어요?" → 다니엘 씨가 숙제를 다 했느냐고 했어요.

N이에요[예요]	N(이)냐고 했어요
① 에리나: "유야 씨는 유학생이에요?"	
② 제 인: "제주도까지 비행기 값이 얼마예요?"	
③ 흐 엉: "우체국이 어디예요?"	
④ 왕 훙: "이것이 뭐예요?"	
⑤ 지 훈: "이름이 무엇입니까?"	

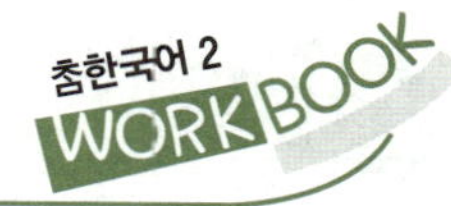

문법 03

V-아/어 놓다

비행기 표를 예약해 놓았습니다.
선물을 사 놓았는데 잃어버렸어요.
숙제를 미리 해 놓고 놀러 가는 게 어때요?

연습 1

| 보기 | 가: 무엇을 만들어 놓는 게 좋을까요?
나: 요리를 만들어 놓는 게 좋겠어요. |

N을/를 V-아/어 놓는 게 좋을까요?	N을/를 V-아/어 놓는 게 좋겠어요
① 무엇 / 사다	운동화 / 사다
② 어떤 음식 / 만들다	따뜻한 음식 / 만들다
③ 무엇 / 먼저 하다	냉장고에 음식 / 넣다
④ 몇 시 비행기 / 예약하다	9시 비행기 / 예약하다
⑤ 무슨 음식 / 만들다	한국 음식 / 만들다
⑥ 무엇 / 준비하다	펜과 종이 / 준비하다
⑦ 무엇 / 사다	꽃과 케이크 / 사다
⑧	

 **연습 2**

| 보기 | 제가 청소를 해 놓을 테니까 마이클 씨는 빨래를 하는 게 어때요?

제가 V-아/어 놓을 테니까	V-는 게 어때요?
① 요리를 하다	지훈 씨 / 음료수를 사다
② 준비하다	다니엘 씨 / 빨리 갔다오다
③ 케이크를 사다	테츠야 씨 / 과자나 과일을 사 오다
④ 준비하다	왕홍 씨 / 청소하다
⑤ 청소를 하다	제니 씨 / 빨래하다
⑥ 영화표를 예약하다	에리나 씨 / 팝콘을 사다
⑦ 중국요리를 만들다	벤자민 씨 / 프랑스 음식을 만들어 오다
⑧ 저녁식사를 준비하다	율리아 씨 / 친구들에게 전화하다
⑨ 창문을 열다	묘묘 씨 / 청소를 하다
⑩	

제 27 과 해님과 달님

문법 01   V-(으)라고 하다 / V-지 말라고 하다 / V-아/어 주라고[달라고]하다

여기에 이름을 쓰라고 했어요.

교실에서 담배를 피우지 말라고 하셨어요.

어머니께서 동생에게 아이스크림을 사 주라고 하셨어요.

 연습 1

| 보기 | 친구가 동생에게 "저 영화를 보세요." 라고 했어요.
 → 친구가 동생에게 저 영화를 보라고 했어요. |

N이/가/께서 N에게	V-(으)라고 했어요 / 하셨어요
① 의사 선생님 / 저	"푹 쉬세요."
② 어머니 / 동생	"일찍 일어나세요."
③ 아버지 / 형	"나가서 우유를 사 오세요."
④ 선생님 / 제니 씨	"8시 30분까지 학교에 오세요."
⑤	

보기	의사 선생님께서 저에게 "술을 마시지 마세요." 라고 하셨어요.
	➔ 의사 선생님께서 저에게 술을 마시지 말라고 하셨어요.

N이/가 N에게 N을/를[에]	V-지 말라고 하셨어요 / 했어요
① 어머니 / 동생 / 게임	"하지 마세요."
② 저 / 친구 / 커피	"마시지 마세요."
③ 친구 / 마이클 씨 / 밥 먹고 나서 바로	"운동하지 마세요."
④ 아버지 / 언니 / 집	"늦게 오지 마세요."
⑤	

 연습 3

보기	가: 저에게 연필 좀 빌려주세요.
	나: 네? 뭐라고요?
	가: 저에게 연필 좀 빌려달라고 했어요.

N좀 V-아/어 주세요	N좀 V-아/어 달라고 했어요
① 한국어 / 가르치다	한국어 / "가르쳐 주세요."
② 집 청소 / 돕다	집 청소 / "도와주세요."
③ 휴대폰 / 빌리다	휴대폰 / "빌려주세요."
④ 창문 / 열다	창문 / "열어 주세요."
⑤ 비행기 표 / 예약하다	비행기 표 / "예약해 주세요."

연습 4

| 보기 | 지훈: 마이클 씨에게 연필을 빌려주세요.
왕홍: 미안하지만 못 들었어요. 다시 말씀해 주세요?
지훈: 마이클 씨에게 연필을 빌려주라고 했어요. |

N에게 N을/를 V-아/어 주세요	N에게 N을/를 V-아/어 주라고 했어요
① 제니 씨 / 한국어 숙제 / 돕다	제니 씨 / 한국어 숙제 / "도와주세요."
② 벤자민 씨 / 비행기 표 / 예약하다	벤자민 씨 / 비행기 표 / "예약해 주세요."
③ 다니엘 씨 / 이사 준비 / 돕다	다니엘 씨 / 이사 준비 / "도와주세요."
④ 에리나 씨 / 우산 / 빌리다	에리나 씨 / 우산 / "빌려주세요."
⑤	

연습 5

| 보기 | 어머니께서 저에게 "청소 좀 도와주세요." 라고 하셨어요.
→ 어머니께서 저에게 청소 좀 도와달라고 하셨어요. |

N이/가[께서] N에게[께]	V-아/어 달라고 하셨어요 / 했어요
① 언니 / 저	"옷을 빌려주세요."
② 에리나 씨 / 다니엘 씨	"커피 좀 사 주세요."
③ 아버지 / 저	"세차하는 것을 도와주세요."
④ 선생님 / 테츠야 씨	"칠판 좀 지워 주세요."
⑤	

연습 6

| 보기 | 어머니께서 저에게 "동생에게 책을 사 주세요."라고 하셨어요.
➜ 어머니께서 저에게 동생에게 책을 사 주라고 하셨어요. |

N이/가 N1에게 N2에게	V-아/어 주라고 하셨어요 / 했어요
① 언니 / 저 / 동생	"밥을 사 주세요."
② 어머니 / 오빠 / 저	"숙제를 도와주세요."
③ 다니엘 씨 / 지훈 씨 / 에리나 씨	"케이크를 만들어 주세요."
④ 에리나 씨 / 왕홍 씨 / 벤자민 씨	"우산을 빌려주세요."
⑤	

문법02

V-자고 하다 / V-지 말자고 하다

시간이 있으면 차나 마시자고 했어요.
제니 씨가 같이 사물놀이를 보러 가자고 했어요.
피곤하니까 시내에 나가지 말자고 했어요.

연습 1

| 보기 | 친구가 저에게 "같이 밥을 먹어요." 라고 했어요.
➜ 친구가 저에게 같이 밥을 먹자고 했어요. |

N이/가/께서 N에게	V-자고 했어요
① 제니 씨 / 저	"수업 끝나고 같이 커피 한 잔 마셔요."
② 다니엘 / 테츠야	"주말에 축구를 합시다."
③ 소윤 / 흐엉	"방학에 여행 갑시다."
④ 왕홍 / 지훈	"에리나 씨와 같이 도서관에서 공부해요."
⑤ 벤자민 / 히엔	"공원에 가서 사진 찍읍시다."

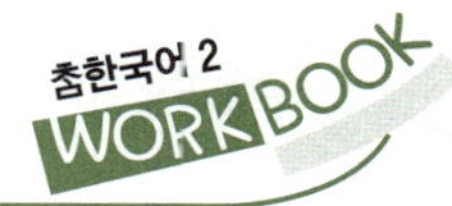

연습 2

보기	지훈: 아까 제니 씨가 뭐라고 했어요? 왕홍: 제니 씨가 (저에게) 같이 밥을 먹자고 했어요.

아까 N 씨가 뭐라고 했어요?	N 씨가 (저에게) V-자고 했어요
① 흐엉 씨	"쉬는 시간에 같이 음악을 들읍시다."
② 벤자민 씨	"인터넷으로 쇼핑합시다."
③ 다니엘 씨	"시간 있으면 같이 운동합시다."
④ 에리나 씨	"수업 끝나고 집에 같이 갑시다."
⑤	

연습 3

보기	선생님께서 학생들에게 "수업시간에 떠들지 맙시다." 라고 했어요. ➜ 선생님께서 학생들에게 수업시간에 떠들지 말자고 했어요.

N이/가/께서 N에게	V-지 말자고 했어요
① 어머니 / 저	"오늘 가지 맙시다."
② 소윤 / 흐엉	"너무 비싸니까 사지 맙시다."
③ 왕홍 / 에리나	"비가 오니까 운동하지 맙시다."
④ 지훈 / 제니	"배가 아프니까 아이스크림을 먹지 맙시다."
⑤ 선생님 / 학생들	"교실에서 음식을 먹지 맙시다."

 **연습 4**

보기	지훈: 제니 씨가 뭐라고 했어요?
	왕홍: 제니 씨가 오늘은 운동하지 말자고 했어요. 내일 하자고 했어요.

N 씨가/께서 뭐라고 했어요?	N 씨가/께서 V-지 말자고 했어요, V-자고 했어요
① 흐 엉 씨	"아이스크림 먹지 맙시다.", "뜨거운 차 마십시다."
② 벤자민 씨	"커피숍에 가지 맙시다.", "도서관으로 갑시다."
③ 에리나 씨	"오늘 영화 보지 맙시다.", "내일 봅시다."
④ 다니엘 씨	"농구하지 맙시다.", "축구합시다."
⑤	

제28과　오늘은 시험이 있는 날이다

문법01

V–는 날, V–(으)ㄴ 날, A–(으)ㄴ 날, N 날

오늘은 친구들과 여행 가는 날입니다.
오늘처럼 바쁜 날에는 길이 더 막혀요.
비가 오는 날에는 집에 있고 싶어요.

쓰세요

기본형	V–는 날	기본형	A–(으)ㄴ 날
쉬다		기분이 좋다	
학교에 가다		기분이 나쁘다	
영화를 보다		날씨가 춥다	
소개팅을 하다		날씨가 덥다	
음식을 만들다		재미있다	
눈이 내리다		심심하다	
여행을 떠나다		속상하다	
편지를 쓰다		바쁘다	

보기

오늘은 친구들과 같이 노래방에 가는 날이에요.

N은/는	V-는 날이에요
① 오늘	대학 입학시험을 보다
② 다음 주	친구들과 같이 여행을 가다
③ 이번 주 주말	남자친구와 요리를 만들다
④ 토요일	고향에 계신 부모님께 편지를 쓰다
⑤ 내일	아버지와 같이 낚시를 하다
⑥	

연습 2

보기

가: 비가 오는 날에는 뭘 하면 좋을까요?

나: 이런 날에는 따뜻한 커피를 마시는 게 좋을 것 같은데요.

V-는 날에는 V-(으)면 좋을까요?	이런 날에는 V-는 게 좋을 것 같은데요
① 눈이 많이 오다 / 어디에 가다	스키나 스케이트를 타다
② 소개팅을 하다 / 무슨 옷을 입다	예쁜 치마나 원피스 입다
③ 학교에 안 가다 / 무엇을 하다	산책하거나 운동하다
④ 친구를 만나다 / 무슨 음식을 먹다	삼겹살이나 불고기를 먹다
⑤ 쉬다 / 누구를 만나다	고등학교 친구나 대학 동창을 만나다
⑥	

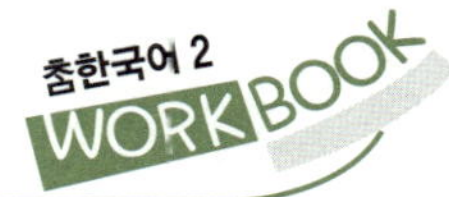

연습 3

보기	가: 이렇게 추운 날에는 무엇을 먹으면 좋을까요?
	나: 이런 날에는 따뜻한 것을 먹으면 좋을 거예요.

A-(으)ㄴ 날에는 V-(으)면 좋을까요?	이런 날에는 V-(으)면 좋을 거예요
① 기분이 나쁘다 / 무엇을 하다	재미있는 영화를 보다
② 수업이 없다 / 어디에 가다	놀이공원에 가다
③ 너무 심심하다 / 무엇을 하다	친구에게 전화를 해 보다
④ 날씨가 춥다 / 어디에 가다	수영장에 가서 수영을 하다
⑤ 시간이 많다 / 무엇을 하다	그동안 못 한 일을 하다
⑥	

문법02 V-ㄴ다/는다, A-다, A/V-았/었다, A/V-(으)ㄹ 것이다, A/V-겠다, N(이)다

나는 스트레스가 많을 때 단 음식을 먹는다.
사랑하는 사람과 제주도에 여행을 가고 싶다.
지난주에 한국어학당에 등록했다.
언니 결혼식에 갈 것이다.
내 동생은 고등학생이다.

쓰세요 1

동사 기본형	V-ㄴ/는다	V-았/었다	V-(으)ㄹ 것이다	V-겠다
가다				
오다				
보다				
읽다				

동사 기본형	V-ㄴ/는다	V-았/었다	V-(으)ㄹ 것이다	V-겠다
먹다				
듣다				
걷다				
살다				
하다				

동사 기본형	V-지 않는다	V-지 않았다	V-지 않을 것이다	V-지 않겠다
가다				
오다				
보다				
읽다				
먹다				
듣다				
걷다				
살다				
하다				

형용사 기본형	A-다	A-았/었다	A-(으)ㄹ 것이다	A-지 않다
예쁘다				
바쁘다				
아프다				

형용사 기본형	A-다	A-았/었다	A-(으)ㄹ 것이다	A-지 않다
좋다				
싫다				
춥다				
덥다				
빨갛다				
하얗다				

쓰세요 4

명사 기본형	N(이)다	N이었다[였다]	N이/가 아니다	N인 것 같다
고등학생				
가수				
회사원				
선생님				
친구				
좋은 날씨				
영화배우				
남자 친구				
한국어 반				

연습 1

오늘 다니엘 씨와 함께 명동에 갔다 **왔어요**. 명동은 유명한 **관광지예요**.

→

지금까지 명동에 가 본 적이 **없었어요**. 오늘 처음 가 **봤어요**.

→

명동에는 사람이 참 많고 거리가 **복잡했어요**. 주말에는 보통 사람이 **많아요**.

→

하지만 다니엘 씨와 같이 쇼핑을 해서 **재미있었어요**. 쇼핑은 항상 **좋아요**.

→

다음에 기회가 있으면 또 **갈 거예요**.

→

연습 2

보기
여름에는 덥고, 겨울에는 춥다.

N에는 A/V-고	N에는 A-다 [V-ㄴ/는다]
① 봄 / 꽃이 피다	겨울 / 꽃이 지다
② 여름 / 비가 많이 오다	겨울 / 눈이 많이 오다
③ 4월 / 꽃이 피다	5월 / 나뭇잎이 있다

N에는	A-다 [V-ㄴ/는다]
④ 9월	낙엽이 떨어지다
⑤ 7월과 8월	사람들이 여행을 많이 떠나다
⑥ 12월	크리스마스가 있다
⑦ 가을	바람이 많이 불다

제 29과 요즘 잘 지내고 있니?

문법01

반말

① 어디에 가?
　– 기숙사에 가.

② 저 사람은 누구야?
　– 내 동생이야.

③ 그 옷 비싸니?
　– 아니, 별로 비싸지 않아.

④ 주말에 뭐 할 거야?
　– 대학로에 갈 거야.

연습 1　　A/V-아/어?, A/V-아/어

S	반말
① 오늘 바빠요? – 아니요, 괜찮아요.	
② 한국말이 어려워요? – 아니요, 어렵지 않아요.	
③ 지금 집에 가요? – 네, 지금 집에 가요.	
④ 영화 잘 봤어요? – 네, 잘 봤어요.	

연습 2　　A/V-니/냐?

S	반말
① 어디 아파요? – 네, 감기에 걸렸어요.	
② 어디에 살아요? – 사당동에 살아요.	
③ 한국어가 어려워요? – 별로 어렵지 않아요.	
④ 그 영화가 어때요? – 좀 무서워요.	

  A/V-지?

S	반말
① 이 음악 좋지요?	
② 그 노래를 잘 부르지요?	
③ 숙제 다 했지요?	
④ 음식이 맛있지요?	
⑤ 시간이 얼마나 걸리지요?	
⑥ 기차를 타고 가지요?	
⑦ 밥 먹었지요?	
⑧ 쇼핑하지요?	

연습 4 N(이)야?, N(이)야

S	반말
① 저 사람은 누구예요?	
② 우리 형이에요.	
③ 이것은 그 남자가 쓴 책이에요.	
④ 이곳이 바로 서울 N타워예요.	

연습 5   A/V-(으)ㄹ래?

S	반말
① 비빔밥을 먹을래요? – 네, 먹을래요.	
② 서울역으로 올래요? – 네, 올래요.	
③ 이 꽃을 살래요? – 아니요, 안 살래요.	

연습 6   A-(으)ㄹ까?, A-(으)ㄹ 거야

S	반말
① 이 옷은 저한테 작을까요?	
② 아마 작을 거예요.	
③ 이 신문은 읽기 쉬울까요?	
④ 아니요, 한자가 있어서 읽기 어려울 거예요.	

연습 7   V-(으)ㄹ 거야?, V-(으)ㄹ 거야

S	반말
① 주말에 무엇을 할 거예요?	
② 집에서 쉴 거예요.	
③ 여기서 사진을 찍을 거예요?	
④ 안 찍을 거예요.	
⑤ 오늘은 술을 마시지 않을 거예요.	

V-아/어

S	반말
① 제 말을 잘 들어 보세요.	
② 늦었는데 얼른 가세요.	
③ 괜찮으니까 천천히 걸으세요.	
④ 서두르세요.	
⑤ 여기에 이름을 쓰세요.	

V-자, V-지 말자

S	반말
① 피곤한데 차나 한 잔 마십시다.	
② 시간 없으니까 빨리 갑시다.	
③ 돈이 모자라니까 그거 사지 맙시다.	
④ 오늘부터 담배 피우지 맙시다.	
⑤ 결석하지 맙시다.	

A-다!, V-ㄴ다/는다!

S	반말
① 아, 맛있네요!	
② 저 아이 참 예쁘네요!	
③ 이 음악 참 좋군요!	
④ 비가 너무 많이 오네요!	
⑤ 아주 잘하군요!	

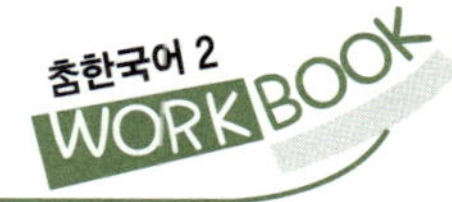

문법02 A/V-아/어서 걱정이다

지갑을 못 찾아서 걱정이에요.
시험을 잘 못 봐서 걱정이에요.
출장 가야 하는데 비행기 표를 아직 못 사서 걱정이에요.

연습 1

| 보기 | 가: 제 동생이 아파서 걱정이에요. |
| | 나: 병원에 가면 되니까 너무 걱정하지 마세요. |

N을/를[이/가] A/V-아/어서 걱정이에요	A/V-(으)면 되니까 너무 걱정하지 마세요
① 시험 / 잘 못 보다	공부를 더 하다
② 일 / 많다	우리가 도와주다
③ 제 동생 / 아프다	병원에 가다
④ 음식 / 맛없다	다시 만들다
⑤ 지갑 / 잃어버리다	경찰서에 전화하다
⑥	

문법01

의성어/의태어

병아리가 삐약삐약 웁니다.

매미는 "맴맴", 개구리는 "개굴개굴" 울고 있어요.

저는 마이클 씨는 보면 가슴이 두근두근 뜁니다.

연습 1

보기
강아지가 짖을 때 (멍멍) 짖어요.

S

① 감기에 걸렸을 때 (　　　　) 기침을 해요.

② 배가 많이 고플 때 (　　　　) 소리가 나요.

③ 재미있는 영화를 볼 때 (　　　　) 웃어요.

④ 아기가 울 때 (　　　　) 울어요.

⑤ 맛있는 음식을 먹을 때 (　　　　) 먹어요.

⑥ 마음에 드는 남자나 여자를 만날 때 가슴이 (　　　　) 뛰어요.

⑦ 날씨가 더워서 물을 마실 때 (　　　　) 마셔요.

⑧

연습 2

보기
귀여운 아기가 (아장아장) 걸어요.

S
① 밤에 하늘을 보면 별이 (　　　) 빛나요.
② 아침부터 비가 (　　　) 와요.
③ 정원에 꽃이 (　　　) 피어 있어요.
④ 부모님께서 주무시고 있기 때문에 (　　　) 걸어서 방으로 들어갔어요.
⑤ 너무 피곤해서 수업 시간에 (　　　) 졸았어요.
⑥ 겨울에는 눈이 (　　　) 와요.
⑦ 공책에 쓰기 연습을 할 때 (　　　) 써요.
⑧

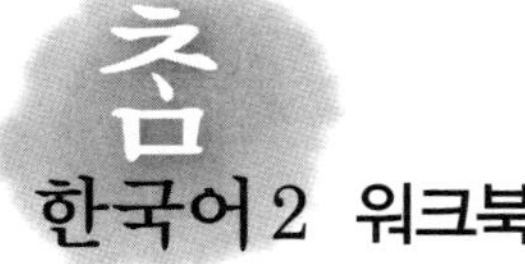

한국어 2 워크북

발행일	초판 3쇄 2018년 06월 25일

발행처　(주)도서출판 참
편 저　TOPIK KOREA
집필진　오연경·이정희·공유정·김현애·정보영
일러스트　김은영
주 소　서울시 동작구 사당로 188
전 화　(02)595-5746
팩 스　(02)595-5749
홈페이지　koreatopik.com | chamkorean.com
등록번호　제 319-2014-52호

정 가　8,000원
ISBN　979-11-958836-0-8
　　　　979-11-954215-0-3(세트)

이 도서의 국립중앙도서관 출판예정도서목록(CIP)은 서지정보유통지원시스템 홈페이지(http://seoji.n.
go.kr)와 국가자료공동목록시스템(http://www.nl.go.kr/kolisnet)에서 이용하실 수 있습니다
CIP 제어 번호 : CIP2016022688

Published by CHAM PUBLISHING
Phone +82 2 595 5746 Fax +82 2 595 5749